Anonymous

Korrespondenzblatt der Gesellschaft für die Innere Mission

Zwölfter Jahrgang 1861

Anonymous

Korrespondenzblatt der Gesellschaft für die Innere Mission
Zwölfter Jahrgang 1861

ISBN/EAN: 9783744621519

Hergestellt in Europa, USA, Kanada, Australien, Japan

Cover: Foto ©Lupo / pixelio.de

Weitere Bücher finden Sie auf **www.hansebooks.com**

Correspondenzblatt

der

Gesellschaft für innere Mission

nach dem Sinne der lutherischen Kirche.

Herausgegeben

von

Friedrich Bauer,
Inspektor der Missionsanstalt in Neuendettelsau,

und

Eduard Stirner,
Pfarrer in Fürth.

Zwölfter Jahrgang 1861.

Inhalts-Uebersicht.

Correspondenzblatt der Gesellschaft für innere Mission nach dem Sinne der luth. Kirche.

Nro. 1 | Januar 1861. | 11. Jahrg.

Inhalt: Jahresrechnung der Gesellschaft für innere Mission im Sinne der lutherischen Kirche vom Monat Dezember 1859 bis Dezember 1860. — Die verderbliche Praxis in Ehesachen. — Ermunterung zu Liebesgaben für die Neuendettelsauer Anstalten für deren Freunde, besonders die Landleute. — Eine Frage zur Ueberlegung. — Warnung. — Gesuch. — Bücheranzeige.

Jahresrechnung der Gesellschaft für innere Mission im Sinne der lutherischen Kirche vom Monat Dezember 1859 bis Dezember 1860.

	Einnahme. fl.	kr.	pf.	Ausgabe. fl.	kr.	pf.
I. A. Deutsche Zwecke:						
1. Cöln	—	48	—	69	1	—
2. Nassau	106	51	—	477	58	—
3. Baden	46	15	3	41	45	—
4. Böhmen	75	6	2	69	30	—
5. Hamburg	3	51	—	—	—	—
6. Besondere Zwecke	228	4	—	141	45	—
7. Disposition für deutsch-lutherische Gemeinden	53	34	—	53	34	—
	514	30	1	855	33	—
Deficit	339	2	3			
	853	33	—			
I. B. Für Amerika:						
1. Seminar in Wartburg	571	42	3	1359	39	1
2. Besondere Zwecke	42	52	—	25	—	—
3. Disposition für Nordamerika	142	34	—	142	34	—
	757	8	3	1527	13	1
Deficit	770	7	2			
	1527	13	1			

		Einnahme.			Ausgabe		
		fl.	kr.	pf.	fl.	kr.	pf.
C.	Missions-Anstalt in Neuendettelsau	4491	24	3	4491	24	3
D.	Aussendung von Zöglingen	1207	32	—	1213	32	—
E.	Juden-Mission	17	23	3	20	13	2
F.	Heiden-Mission	1939	20	—	1794	46	—
G.	Disposition für die Zwecke der Abth. I.	5	59	—			
		7661	39	2	7519	56	1
	Cassa-Bestand:				141	43	1
					7661	39	2
II.	Schriften-Verbreitung	—	—	—	—	—	—
III.	Fürsorge für Auswanderer	—	—	—	—	—	—
IV.	Anbahnung der Diakonie	3	30		—	—	—
V.	Diakonats-Cassa	1	12	1	—	—	—
VI.	Nordamerikanische Mittheilungen	202	23	—	94	5	—
VII.	Disposition für innere Mission überhaupt	2768	12	—	2768	12	—

Abschluß.

		Einnahme.			Ausgabe.		
		fl.	kr.	pf.	fl.	kr.	pf.
I. A. 1—7.	Deutsche Zwecke	514	30	1	853	33	—
I. B. 1—3.	Nordamerika	757	8	3	1527	13	1
	C—G.	7661	36	2	7519	56	1
	II. Schriften-Verbereitung	—	—	—	—	—	—
	III. Fürsorge für Auswanderer	—	—	—	—	—	—
	IV. Anbahnung der Diakonie	3	30	—	—	—	—
	V. Diakonats-Cassa	1	12	1	—	—	—
	VI. Nordamerikanische Mittheilungen	202	23	—	94	5	—
	VII. Disposition f. innere Mission überh.	2768	12	—	2768	12	—
		11908	35	3	12762	59	2
	Deficit:	854	23	3			
		12762	59	2			

Fürth, den 17. Dezember 1860.

Max Löhe.

Die verderbliche Praxis in Ehesachen.

Ein Krebsschaden der lutherischen Kirche.

1.

Man darf nicht fürchten, Widerspruch zu finden mit der Behauptung, daß die Praxis in Ehesachen innerhalb der lutherischen Kirche eine verderbte und verderbliche sei, ein Schaden, der wie ein Krebs um sich frißt im Leben unseres Volkes, eine Last, die auf dem Gewißen der treuen Pfarrer liegt, ein Gegenstand der Furcht und der Beängstigung eben derselben, weil sie jeden Augenblick in Gefahr sind, in Fälle verwickelt zu werden, aus denen sie nur entweder mit verletztem Gewißen kommen, oder die sie in Gegensatz gegen bestehende Ordnungen setzen und ihnen unverdiente Leiden und Strafen zuziehen. Man hat angefangen, diesen Schaden zu erkennen, und hin und wieder Versuche gemacht, die Sache zu beßern, es haben auch eine nicht geringe Anzahl treuer Pfarrer thatsächlich und laut dagegen gezeugt, und gar mancher hat auch darunter gelitten. Aber die Zustände sind allenthalben so, daß man bis jetzt so viel als nichts hat ändern und beßern können, daß auch gar wenig Hoffnung vorhanden ist, daß sie sich ändern und beßern werden, denn es ist ein schwerer Stein, den wol menschliche Kräfte allein nicht heben und von der Stelle schaffen werden. Und das macht eben die Sache noch schlimmer und zeigt, wie verzweifelt böse der Schaden sei. Und das Allerschlimmste ist, daß ihn die Kinder der Kirche weder genug kennen, noch als gemeinsame auf der ganzen lutherischen Kirche ruhende Sündenschuld erkennen, beklagen und beweinen, daß nicht Hirten und Heerden diese ihre Noth in unablässigem Gebet ihrem Herrn vortragen, und daß sie nicht in aufrichtiger und rechtschaffener Buße sich anschicken, wenigstens so viel an ihnen ist, dagegen laut zu zeugen mit Wort und That. Oder wo sind die Herzen, die über diesen Schaden Leid tragen? wo sind die Augen, die den Jammer ihres Volkes beweinen? wo sind die Hände, die unermüdet aufgehoben sind, wie Aarons Hände, im Gebet? Wo sind die Männer, die sich vor den Riß stellen, wenn es gilt, das christliche Volk und ihre Führer zurückzuführen zum Gehorsam gegen das Wort des HErrn? Wo ist das Volk, welches solche Stimme zu Herzen nimmt und in Einfalt dem Worte seines Herrn folgt?

Gestehen wirs uns nur, wir sind des Jammers und des Elendes unserer Zustände so gewohnt, daß wir das Auge und Gefühl dafür verlieren und uns die Sachen so zurecht legen, daß wir uns darein ergeben, weil wirs nicht ändern können, und zuletzt das Unerträgliche erträglich finden und es uns dadurch vom Halse schaffen, daß wir darüber wegsehen, um in dem Behagen des Lebens dadurch nicht zu sehr gestört zu werden. Mit einem Wort, wir sind sicher und denken nicht daran, daß der Herr selber sich aufmachen und seine Ehre suchen wird an uns und an andern mit seinen Gerichten, weil wir sie nicht gesucht haben mit unserer Buße, mit unserem Gebet und unserem Gehorsam gegen sein Wort. Da aber geschrieben steht: „So wir uns selbst richteten, würden wir nicht gerichtet“, so wäre es wol gethan und weise, wenn wir suchten, des Schadens uns recht bewußt zu werden, und so viel an uns ist, zur rechten Zeit mit demüthigem und bußfertigem Herzen dawider zu zeugen und uns gegenseitig zu stärken, wenn wir mit vereinten Kräften dagegen angiengen.

Aber ist es wirklich wolgethan und gerathen, diesen Schaden aufzudecken? Ist es nicht unsere Mutter, die lutherische Kirche, die wir damit bloß geben, gegenüber ihren vielen Feinden und Schmähern, die sich darüber freuen, wenn sie sich rühmen können wider sie, wenn sie einen Anlaß mehr haben, sie zu schelten? Das ist die Sprache, die wir manchmal hören können, auch von solchen, von welchen man es nicht erwarten sollte. Aber heißt das nicht nach der Vernunft und nach der Welt Art, heißt das nicht fleischlich und sündlich geredet? Soll uns der Menschen Urtheil maßgebend sein, noch dazu unserer Feinde? Sollen wir die Schmach vor den Menschen scheuen und lieber unsere Sünde und Schande zudecken und vertuschen? Ist das nicht Unbußfertigkeit und Blindheit? Heißt das nicht die Sünde hegen und lieben und behalten wollen, damit man ja nicht in seiner Schande und Blöße damit offenbar würde. Wir wißen aber, daß unsere Ehre in der Buße besteht. Eine Kirche, die, wie unsere, sich der Erkenntnis, daß wir allein aus Gnaden selig werden, als ihres höchsten Palladiums rühmt, kann sich nicht durch Eigenruhm und Selbstgerechtigkeit in ihre Tugend hüllen wollen, namentlich da, wo es keine gibt, und wo ein tiefeingefreßener sittlicher Schaden sich findet, den alle Welt sieht, und vor dem nur wir in Selbstverblendung das Auge verschließen wollten. Und wird der Krebsschaden nicht desto weiter um sich freßen und ans Leben gehen, wenn wir ihn ungestört um sich freßen laßen und nicht Pflaster noch Arzt suchen? Nein, scheuen wir die Sonne nicht, wenn es uns auch Ueberwindung kostet und Schmerz verursacht. Wenn uns auch unsere Sünde die Schamröthe auf die Stirne treibt, sie ist eine Farbe guter Hoffnung. Kein Schaden ist so verzweifelt böse, daß ihn der HErr nicht heilen könnte. In der bußfertigen Erkenntnis liegt der Anfang zur Umkehr, mit ihr ist die heilsame Krisis schon eingetreten, die Wendung zum Beßeren, und wo noch eben der Tod drohte, ergießt sich neues Leben durch die Adern in dem gesundenden Leibe.

(Fortsetzung folgt.)

Ermunterung zu Liebesgaben für die Neuendettelsauer Anstalten für deren Freunde, besonders die Landleute.

Wir haben, l. Brüder, fast alle Jahre eine kleine Ansprache an Euch gerichtet und Euch ermuntert zu Liebesgaben für unsere Anstalten, nachdem ihr Eueren Erntesegen eingeheimst hattet und denselben übersehen konntet, um Eure Herzen und Hände willig zu machen, dem treuen Gott und Heiland, aus dessen Händen Ihr ja als gläubige Christen alles, was Ihr habt, und all Eure Einkommen nehmet, auch seinen Antheil zu geben. Ihr wißt, daß Er sehr arm ist und sehr viel braucht, weil er ein König ist, der Größeres und Beßeres zu schaffen hat, als alle Könige der Erden zusammen. Er muß sein Reich ausbreiten bis an die Enden der Erde, um alle Menschen, wo es möglich wäre, durch sein Evangelium selig zu machen; er muß ferner für alle Armen und Elenden, die zu ihm seufzen, sorgen. Das Evangelium braucht Lehrer und Prediger, die Elenden, die Armen, die Kranken, die Kinder, die Blöden brauchen Pfleger und Pflegerinnen. Zu beiderlei Geschäften gehören treue, tüchtige und geschickte Personen und Anstalten zu deren Ausbildung — das ist die Hauptsache, sodann die nöthigen Mittel, um das Werk des HErrn selbst zu treiben. Solche Leute thun Heilandsgeschäfte, die er geboten hat, und Ihr seid ihre Helfer und Mitarbeiter. Und so schließt sich die ganze gläubige Christenschaar zusammen zu einer geordneten und wol organisierten Liebesarbeit, worinnen auch Verstand ist und Gewähr, daß sie recht gemacht wird, die mit Kraft kann angefaßt und vollführt werden und bei der Gottes Segen greiflich zu spüren ist.

Solche Ermunterungen, wie diese, sind aber fast immer in Folge von Aufforderungen gekommen, die aus Eurer Mitte ausgegangen sind. Das hat uns desto williger und freudiger dazu gemacht, zumal sie niemals erfolglos gewesen sind. Eine solche Aufforderung ist uns eben wieder zugekommen, mit der Bitte, sie in unseren Blättern veröffentlichen zu laßen. Sie ist von einem christlichen Landmann und lautet, einige wenige Abänderungen, zu denen wir uns ermächtigt glaubten, ausgenommen, wörtlich wie folgt.

An die Freunde der innern und äußern Mission.

Ebr. 10, V. 24. Und laßet uns untereinander unser selbst wahrnehmen mit Reizen zur Liebe und guten Werken.

Ein frommer Pfarrer, der meiner fleißig wahrnahm mit Reizen zur Liebe und zu allen guten Werken, sagte mir gelegentlich, daß er den 10. Theil*) seines Hopfenertrags der Mission, überhaupt den Zwecken des Reiches Gottes opfere.

Das Thun dieses lieben Mannes war mir so einleuchtend, daß ich, um ihm ein Gleiches nachthun zu können, selbst Hopfen anlegte und heuer bei einer nur mäßigen Quantität doch eine einträgliche Hopfenernte machte und dadurch im Stande war, meinem vom Herrn gewirkten guten Willen die That folgen zu laßen.

Vielleicht ist einer oder der andere unter Euch, dem diese Zeilen zu Gesichte und Ohren kommen, der durch die unverdiente Güte unsers Gottes mit einer reichen Hopfen-, Getraide-, Obst-, Kartoffel-, Kraut- und Holzernte, mit einem reichlichen Ertrag aus der Viehzucht gesegnet wurde. Euch gegenüber möchte ich der apostolischen Mahnung und dadurch meiner Pflicht nachkommen, indem ich euer wahrnehme mit Reizen, Gotte zu geben, was Gottes ist.

Ich kann Euch aus meiner eigenen Erfahrung bezeugen, daß Gott ein reicher Zinsenzahler ist. Ich habe eine Zeit gehabt, wo ich spärlich gab, und am Ende immer weniger zu geben hatte; seitdem ich aber dem lieben Gott mehr das Herz und mit demselben die Hand und den Säckel laße, bin ich mehr gesegnet, als zu der Zeit, wo ich weniger gab.

Dies ist nicht so zu verstehen, daß man dadurch ein gutes Geschäft machen sollte oder könnte, indem man dem lieben Gott so und so viel gebe, damit er uns wieder so und so viel dagegen schenke, sondern weil der himmlische Vater das Liebste, das er hatte, seinen eingebornen Sohn opferte und der Sohn zum Opfer sich willig hergab, so wollen wir ihm aus dankbarer Liebe unser Herz und Leben schenken und ihm von dem, was er uns gibt, willig und nach Gebühr geben. Aber, meine lieben Freunde, neben unsern Gaben, womit wir das Werk der innern und äußern Mission und alle Werke der Barmherzigkeit unterstützen, wollen wir unsere Gaben auch mit herzlicher Fürbitte begleiten, wollen fleißig für die Anstalten, ihre Leiter und Vorsteher beten, damit der Erfolg ihrer Arbeit ein noch gesegneterer werden möge. Wollen wir den Herrn der Ernte bitten, daß er treue Arbeiter in seine Ernte senden wolle, weil es daran nicht allein für die ausgewanderten Deutschen in Amerika, sondern allenthalben gar sehr mangelt.

Der barmherzige und gnädige Gott leite uns

*) Ist nicht im Sinne des Pharisäers zu verstehen.

alle durch seine Güte zur Buße, zum Glauben und zur thätigen Liebe und mache uns zu solchen fruchttragenden Bäumen, wie die Obstbäume es heuer waren, auf daß der Gärtner viel Früchte von uns nehmen könne zu seines Namens Ehre.

Im Jahre des Heils 1860.

Euer Bruder X in Y.

Wir haben gerne einen aus den Euren zu euch reden laßen, der unsere Stimme damit verstärkt und Euch, wie wir hoffen, desto geneigter für das, wozu wir ermuntern, machen wird. Doch soll alles geschehen in rechter Freiwilligkeit, ohne Zwang, dem HErrn zu Dienst und Wolgefallen, nach Vermögen, und so wie es der Würde des großen HErrn und seiner großen Sache angemeßen ist. Wir grüßen Euch mit dem Gruß der Liebe und des Friedens. Wir freuen uns Eurer Gemeinschaft im Glauben, in der Hoffnung und in der Liebesarbeit in Christo Jesu und wünschen Euch für die letztere nach dem Maße Eures Fleißes den reichsten Gotteslohn für Zeit und Ewigkeit.

Neuendettelsau den 25. Januar 1861.

Pf. Löhe,
als Obmann der Gesellschaft für innere Mission und als Vorstand des Diakonissenhauses.

Eine Frage zur Ueberlegung.

Ist unsere Zeit nicht eine Zeit, die mehr für die **innere Mission** als für die **äußere** spricht?

Mission sind beide, nöthig also beide, von Gott geboten beide, ins Werk zu setzen beide, und zwar zu aller Zeit, auf Segen haben beiderlei Thätigkeiten zu rechnen allezeit. Das schließt nicht aus, daß nach Gottes Führung und Regierung eine von beiden Thätigkeiten in einer Zeit vor der andern Erfolg hat und besonders an der Zeit ist. Ohne Zweifel ist das ein Wink Gottes, wohin wir vorzugsweise unsere Kraft zu wenden haben. Es ist eine allgemeine Wahrnehmung und Klage, daß in unserer Zeit auf dem Gebiet der Heidenmission troß der großen Anstrengungen keine auch nur einigermaßen bedeutenden Erfolge zu erzielen sind, man hat allenthalben mit gesteigerten innern und äußeren Hindernissen zu kämpfen. Mit der Judenmission kann es nichts rechts werden, bevor die Zeit der Heiden um ist. Nichts desto weniger ist namentlich für die Heidenmission am meisten Sinn, Lust und Eifer vorhanden, und durch die Wahrnehmung des mangelnden Erfolges soll unser Eifer nicht abgekühlt, sondern angestachelt werden. — Anders ist's bei der Thätigkeit für die Christenheit, die kirchlich verwahrlost und unversorgt oder seit langer Zeit im Verfall ist. Was erringen alle Kirchen für großartige Erfolge durch einen Neubau aus den abgebrochenen Bausteinen der alten Heimat in den neuzucultivierenden Ländern Amerikas?! Während sich im Westen alle Kirchen und Confessionen ausbreiten und mit dem größten Segen und Erfolg arbeiten, findet im Osten, in den ursprünglichen Sitzen der Christenheit, und am erfolgreichsten durch amerikanische Missionen eine Wiedererweckung der erstorbenen morgenländischen Kirche statt. Wer hat nicht gelesen von den merkwürdigen Lebensregungen unter den Nestorianern in Armenien und Persien, unter den Kopten im Süden von Egypten, unter den griechischen und lateinischen Christen in Syrien und Palästina, in der europäischen Türkei, in Griechenland, auf den jonischen Inseln? Da ist überall evangelisches Leben, durch neue Bekanntschaft mit der Schrift geweckt; und merkwürdig, Osten und Westen reicht sich gegenseitig die Hand. Ist das nicht klar, daß die gegenwärtige Zeit eine Zeit der innern Mission ist, nicht zu verwechseln mit den Werken der Diakonie, die man auch innere Mission zu nennen pflegt? Sollten wir daraus nicht abnehmen, wo unsere Hauptaufgabe ist? Ists nicht der Bau der luth. Kirche im Westen? Aber trotz der großen und handgreiflichen Erfolge auf diesem Gebiete und der außergewöhnlichen Hoffnungen, welche dieses Arbeitsfeld bietet, ist doch unter den erweckten Christen und insonderheit unter den Lutheranern unbegreiflich wenig Sinn, Lust und Eifer für diese Seite der Missionsthätigkeit, eine merkwürdige Lauheit und Gleichgiltigkeit und Trägheit, dieses Werk zu treiben. Woher mag das kommen? Ist das nicht zu überlegen?

☛ Warnung.

Vor den Weihnachtsfeiertagen kam zu uns, von werthen hessischen Brüdern, weil nicht erkannt, wol empfohlen, um etwa im Dienste der Judenmission verwendet zu werden, ein gewisser Hermann Traugott Machol, ein ehemaliger Jude aus

Posen, der seiner Angabe nach vor circa 9 Jahren zum Christentum übergegangen ist und sich an verschiedenen Orten aufgehalten hat, aber ohne nachweisbare Berufsthätigkeit und ohne weitere Zeugnisse außer einem Paß. Derselbe wurde hier allerseits sehr freundlich und theilnehmend aufgenommen, während der Zeit seines Aufenthalts verköstigt, zum Theil neu gekleidet, in Krankheit gepflegt und mit Gaben aller Art überhäuft, hat sich aber zum Danke dafür abscheulich und in jeder Beziehung gemein betragen. Endlich da er befürchten mochte, daß die rettende Liebe auch den nöthigen Ernst für ihn finden würde, hat er sich mit seinen Gaben ohne Abschied aus dem Staube gemacht. Es wurde dem kgl. Landgericht von diesem Fall Nachricht gegeben, und diese Zeilen sollen dazu dienen, unsere näheren und ferneren christlichen Freunde zu warnen, daß sie nicht an einen lügenhaften und ganz unwürdigen Menschen ihre Liebe und ihre Gaben verschwenden. Es möchte für diesen und ähnliche Fälle gerathen sein, wenn auch andere christliche Blätter davon Notiz nehmen und ihre Kreise warnen möchten, damit solchen Individuen ihr betrügliches Handwerk gelegt würde.

Neuendettelsau den 16. Januar 1861.

Gesuch.

Ein christlicher Mann in Oberfranken sucht einen gottesfürchtigen Knecht, welcher mit Oekonomie umzugehen versteht, und sichert einem solchen guten Lohn und liebevolle Behandlung zu. Näheres bei

Konr. Ott in Fürth.

Bücheranzeige.

Schiller, Jos., die zwölf kleinen Propheten. Ein Wegweiser zum Verständnis des Prophetenwortes für die Gemeinde. Stuttg. 1861.

Von demselben Verfaßer ist schon früher ein gleichfalls zum Dienst der Gemeinde bestimmtes Werkchen „die Könige in Israel. Ein Handbüchlein z. h. Gesch. Mit Vorwort v. W. Löhe" erschienen, welches den Grund legt zum Verständnis des Prophetenwortes. Ohne genaue Kenntnis der Geschichte der Könige Israels ist kein Verständnis der Propheten möglich. Hier ist nun eine kleine Schrift, welche in das Verständnis der Propheten selbst einführt und zwar in einer Weise, die man nicht anders als sehr gelungen bezeichnen kann. Nicht nur, daß sie jeder einfache Laie verstehen kann, sondern daß er auch in den Stand gesetzt wird, selbst zu urtheilen, was die Propheten geredet haben. Es ist bei dem protest. Volke allgemein die Meinung verbreitet, als seien die Propheten zu schwer, als daß sie ein einfacher Bibelleser verstehen könnte, da sie die Gelehrten kaum verstehen. Allein das letztere kommt nur daher, daß man die hellen Worte der Propheten durch eine bildliche und allegorisierende Auslegung verdunkelt hat und sie nicht im einfachen Glauben nimmt, wie sie dastehen. Um sich davon zu überzeugen, darf man nur eine ältere Bibelauslegung, z. B. die Weimarische oder die Hirschberger Bibel mit dieser Schrift vergleichen. Jedermann, der nicht durch Vorurtheile befangen und von einer entgegengesetzten theologischen Meinung eingenommen ist, wird sich durch die Handleitung dieser Schrift, die nicht auslegt, sondern das proph. Wort nur zergliedert und mit historischen Einleitungen versieht, überzeugen, wie glänzend sich der protestantische Haupt-Grundsatz von der Deutlichkeit der h. Schrift und ihre Eigenschaft, ihr eigener Ausleger zu sein, auch bei dem prophetischen Worte rechtfertigt. Würde man mehr in der h. Schrift mit Gebet und Meditation lesen und forschen und sie geschichtlich betrachten, so würde auch in dem Stück des unwürdigen theol. Gezänkes und unzeitigen Eifers für Rechtgläubigkeit, wo dieselbe gar nicht in das Spiel kommt, weniger werden; wir müßten denn dahin kommen wollen, daß wir rechtgläubiger als die Bibel selbst sein und ihre selbsteigenen klaren und hellen Worte nach unserem theologischen System corrigieren und so lange pressen und vergewaltigen wollen, bis sie mit unseren, auf trüglichen Schlüßen und Consequenzen ruhenden menschlichen Meinungen harmonieren. Die Wahrheit geht ruhig ihren Weg und läßt sich nicht irren, weil sie ihres Sieges gewis ist und es dem HErrn überläßt, für die Ehre seines Wortes einzustehen. Wenn der Streit über das richtige Verständnis des prophetischen Wortes — ob es bildlich oder eigentlich zu verstehen sei — nichts bewirkte, als daß der gläubige Theil des protestantischen Volkes wieder anfienge, seine Bibel recht fleißig zu lesen und zu studieren, aus der unwürdigen Bevormundung menschlicher Auslegung herauszukommen und sich selbst ein Urtheil darüber zu bilden, was in der Bibel deutlich steht, und was nicht: so würde daraus großer Segen entsprießen und man dürfte Gott danken, daß er seine Schafe wieder an die frischen Waßer und an die unmittelbare Quelle seines Wortes leitet, die jetzt gewohnt sind, fast nur aus abgeleiteten Canälen zu trinken.

Herausgeber:

Bauer, Inspektor der Miss.-Anstalt in Neuendettelsau.

G. Stirner, Pfarrer in Fürth.

Preis jährlich 30 kr.

Druck und Verlag der C. H. Beck'schen Buchdruckerei in Nördlingen.

Correspondenzblatt

der  für

Gesellschaft innere Mission

nach dem Sinne der luth. Kirche.

Nro. 2. Februar 1861. **II. Jahrg.**

Inhalt: Die verderbliche Praxis in Ehesachen. — Wahrheiten, welche die Christen dieser Zeit besonders zu beherzigen haben.

Die verderbliche Praxis in Ehesachen.

Ein Krebsschaden der lutherischen Kirche.

2.

Gehen wir also getrost in die Arbeit der Selbstprüfung, zur bußfertigen Erkenntnis unserer Sünden und fragen: *Worin besteht der Schaden*, den wir meinen, das *Sündliche* und *Verderbliche der Praxis in Ehesachen* innerhalb unserer *luth. Kirche*? Es ist nicht die Absicht, eingehend und erschöpfend diese Frage zu behandeln. Es mag genügen, Andeutungen darüber zu geben.

Die Fälle, die hier in Betracht kommen können, betreffen entweder eine in Gottes Wort verbotene Schließung von Ehen, oder aber eine schriftwidrige Scheidung, resp. Wiederverehelichung.

Gewisse *Ehehindernisse*, die auch in Gottes Wort verboten sind, finden sich, weil sie auch wider das natürliche sittliche Gefühl sind, in allen Ehegesetzgebungen, aber es gibt nicht wenige Ehehindernisse nach der Schrift, die von der weltlichen Gesetzgebung nicht anerkannt und in der Praxis nicht einmal gekannt, geschweige befolgt sind. Was weiß unser Volk von Ehehindernissen, außer so weit es praktisch drauf stößt, vor Gericht, oder was der seltenste Fall ist, durch seelsorgerische Belehrung, die meist zu spät kommt, weil in der Regel der Pfarrer der letzte ist, der von Eheschließungen erfährt. Nun sind aber zweierlei Hindernisse einer Eheschließung in der Schrift. Einmal gibt es verbotene Grade der *Verwandtschaft* 3. Mos. 18; sodann wenn *jemand eine Jungfrau beredet hat* 2 Mos. 22, 16 u. 17, so ist er gehindert, eine andere statt ihrer zu ehelichen, es müße denn sein, daß deren Vater es verweigert. Daß aber diese Bestimmungen des A. T. auch noch für uns ihre Giltigkeit haben, hat die Kirche nie bezweifelt, sie sind ganz allgemeiner Natur und für alle Zeiten und Verhältnisse anwendbar, auch an unterschiedlichen Stellen im N. T. (vgl. 1 Cor. 5, Matth. 14, 4) ausdrücklich bestätigt.

Was nun die Praxis wegen der verbotenen Verwandtschaftsgrade betrifft, so ist man einmal von den *strengen Bestimmungen der alten luth. Kirchenordnungen* zurückgegangen, in welchen sich die sogenannte Gradrechnung findet, d. h. in welchen zu *allen* in der Schrift *nicht* genannten Fällen der auf gleicher Linie liegende analoge*)

*) Man muß annehmen, daß die göttliche Weisheit ihren Kindern in den Bestimmungen des Gesetzes zu Hilfe

Fall ergänzt und als göttlich gesetztes Ehehindernis betrachtet wird. Aber man nimmt auch von den ausdrücklich und unzweifelhaft in der h. Schrift gegebenen Bestimmungen mit wenigen Ausnahmen Umgang, obwohl das Halten am bloßen Schriftwort eine mildere Praxis begründet, als die ältere kirchliche war, und eine größere Weitschaft gibt; denn offenbar wollte die göttliche Weisheit die ohnehin große Noth der Menschen in dem Stück bei ihrer großen Schwachheit nicht noch unnöthig vermehren. Die Praxis wird allein durch die weltlichen Gesetze bestimmt. So z. B. das noch in unseren fränkischen Gegenden und in einem großen Theil von Deutschland geltende preußische Landrecht verbietet die Ehen zwischen Verwandten nur in auf- und absteigender oder gerader Linie, als zwischen Vater, Mutter, Tochter, Enkel ꝛc. Stief- und Schwiegermutter, Eltern oder Kindern, und in gleicher Seitenlinie nur zwischen Geschwistern, voll- und halbbürtigen. In allen übrigen Graden der Verwandtschaft, also in gleicher Linie bei der Schwägerschaft, und in der ungleichen Seitenlinie zwischen allen Verwandtschaftsgraden, also wider Gottes Wort (vgl. V. 16, V. 12 u. 13, V. 14) ist die Ehe gestattet. Nur in etlichen Fällen ist sie erschwert, deshalb Dispensation nachzusuchen; denn die Ehen zu erschweren, ist der vielleicht verkannte Sinn der Dispensationen. Begreiflicher Weise finden sie aber keine Statt, wo Gottes Wort ein Verbot ausspricht, sondern nur da, wo die Ehe nicht anzurathen ist, ohne daß ein Verbot da ist, wie z. B. bei Geschwisterkindern.

Diese und ähnliche Bestimmungen des weltlichen Rechts, mit dem die Kirche eigentlich nichts zu schaffen hat, und an das sie hier nicht gebunden sein kann, zumal wenn es dem Wort Gottes widerspricht, beherrschen nichts desto weniger unser ganzes kirchliches Leben und sind allein maßgebend für die Praxis in unserem Volksleben. Denn vermöge der Doppelstellung unserer Geistlichen in der Landeskirche als Diener Christi und als königlicher Beamter und wegen des nothwendigen Erfordernisses der Trauung zur bürgerlichen und rechtlichen Vollgiltigkeit der Ehe ist der Geistliche gehalten, die Trauung zu vollziehen, wenn der Staat die Erlaubnis dazu einmal gegeben hat. Er forscht daher in der Regel den oft nicht so planen verwandtschaftlichen Verhältnissen nicht weiter nach, wenn er nicht besondere Veranlaßung dazu hat, sondern hält sich für sein Handeln einfach an die gerichtliche Traulicenz. Auf diesem Wege werden hunderte und tausende von Ehen im Namen des dreieinigen Gottes eingesegnet, die Gott ausdrücklich wegen zu naher Verwandtschaft in seinem Wort verboten hat. Schon hier erscheint der klaffende Spalt zwischen Kirche und Staat, zwischen Gottes Wort und den bürgerlichen Gesetzen.

(Schluß folgt.)

Wahrheiten, welche die Christen dieser Zeit besonders zu beherzigen haben.

3.

Wir haben unsere Privatinteressen hintanzusetzen gegen das Reichsinteresse.

Es gibt mancherlei Interessen, von denen das Leben, auch des Christen, beeinflußt wird, und welche oft unbewußt, und gerade dann am stärksten, auf die Gesinnung und Handlungsweise bestimmend einwirken. Hier liegt gar oft der Schlüßel zur Erklärung manches Räthsels und manches Widerspruchs im Verhalten der Menschen. Auf manchen wirken mächtig persönliche Interessen, d. h. er sucht für seine Person Ehre und Anerkennung, Besitz und zeitliches Gut, Genuß und süßes Gemach, oder Glanz und Prunk in Kleidern, Einrichtung des Hauses ꝛc. Nach den persönlichen wirken am stärksten, wie es in der Natur der Sache liegt, die Familieninteressen. Da handelt es sich nicht blos um

gekommen ist und es nicht allein ihrem Urtheil hat überlaßen wollen, wie weit die Verwandtschaft ein eigentliches Ehehindernis sei. Deshalb geht man am sichersten, wenn man sich genau an diese Bestimmung hält und sie nicht willkürlich durch Hinzufügung aller nicht nothwendig darin enthaltenen Analogien erweitert, denn etliche Analogien, die sich von selbst verstehen, wie in den nächsten Verwandtschaftsgraden, müßen im Sinn des Gesetzes ergänzt werden, wie neben dem Verbot, die Schwester zu heiraten, das Verbot den Bruder zu heiraten ꝛc. In einem andern Fall zeigt uns die Schrift, daß die Analogie nicht überall anwendbar sei, indem sie die Heirat mit des Bruders Weib verbietet und die mit des Weibes Schwester gestattet V. 16 u. 18, was die älteren Kirchenordnungen durch Deutung zu beseitigen suchten, um den Grundsatz der durchgängigen Analogie auch hier selbst gegen den Wortlaut durchzuführen. Eine genauere Untersuchung darüber, wo die Analogie absolut nothwendig sei und wo nicht, wäre bei der Unklarheit unserer Zeit über diese Dinge sehr zu wünschen, damit man an dem geschriebenen Wort eine sichere Norm gewänne und auf dem Wege zu einer möglichst allgemeinen Uebereinstimmung für das pastorale Handeln gelangte.

möglichst gute und baldige Versorgung der Angehörigen; es bildet sich durch die Familie eine größere Gemeinschaft mit einem eigenen Familiengeist und einem Gesammtinteresse, welches jedes einzelne Glied mehr oder weniger stark bindet und bestimmt, das zu suchen, was das Wolsein der Familie fördert. So gibt es Standes-Interessen, Interessen, die sich an den Wohnort, an das Land, an das Volk, an den Staat, dem man angehört, knüpfen und diesen Gemeinschaften dienstbar sind. Alle diese Interessen haben etwas mit einander gemein, sie liegen alle auf dem natürlichen Gebiete des Lebens und stehen sammt und sonders, so weit sie nicht durch den Geist Gottes in das rechte Verhältnis gebracht sind, im Dienst der Sünde und als Privatinteressen der Einzelnen gegenüber — einem einzigen allgemeinen und höchsten Interesse, dem Interesse des Reiches Gottes. Wenn alle andern Interessen die Menschen in ihren Bestrebungen sondern und spalten, so macht sie das Reich Gottes einig. Hier tritt an die Stelle aller Sonderinteressen ein einiges großes und höchstes Interesse, das alle Menschen umfaßt, wenigstens umfaßen soll und will, und zwar das höchste, das jeder haben kann, der Seelen Seligkeit. Diese Gemeinschaft, die auf ewigen Grundlagen ruht, göttliche Ziele und göttliche Ordnungen hat, ist eben das Reich Gottes, welches Christus auf Erden gegründet hat und das in der Kirche zur Erscheinung kommt. Diesem Reich gehört der Christ äußerlich und innerlich an; durch ein Wunder der Gnade ist er hineinversetzt, durch die geistliche Wiedergeburt; in dieser Gemeinschaft beruht sein zeitliches und ewiges Glück. Daher ist die Gemeinschaft mit diesem Reich, mit dem König dieses Reiches und mit seinen Reichsgenoßen über alle Verbindungen und Gemeinschaften, selbst die theuersten und edelsten, die es in der Welt geben kann, über der Volksgemeinschaft, über der staatlichen und bürgerlichen, über der Standes-, ja selbst über der Familiengemeinschaft. Sie ist höher und größer und beßer, als das Verhältnis zwischen Eltern und Kindern, ja als das zwischen Mann und Weib. Denn alle diese Verbindungen sind natürlich und vergänglich, diese aber ist eine übernatürliche und ewige. Wer diesem Reiche Jesu Christi nicht zum Schein, sondern innerlich und wahrhaft angehören will, für den kann es kein höheres, alles andere überwiegendes Interesse geben, als die Förderung dieses Reiches aus allen seinen Kräften, mit allem, was er ist und hat, mit Leib und Leben, mit Hab und Gut, und was ihm zu Gebote steht, wenn es gilt, dieses Reich nach innen und nach außen zu mehren, zu befestigen, zu stärken, dessen Feinden gegenüber vor dem Riß zu stehen, die Genoßen des Reiches zu unterstützen und ihnen in Liebe beizustehen, und die nöthigen Mittel herbeizuschaffen, um das Bestehen desselben zu sichern und es seinem großen und herlichen Ziele zuzuführen. Wenn es nöthig ist, müßen da alle andern Interessen dem Einen weichen und nachstehen, und kein Opfer ist zu groß, das nicht dem HErrn Jesus und seinem Reiche zu bringen wäre. Da darf Weib und Kind, Haus und Hof, Freund und Verwandter, Ehre und guter Name, hohe und einflußreiche Stelle, ja das Leben selbst nicht angesehen werden. Das ist Christensinn. Nicht weniger als diesen Sinn verlangt der Herr von einem jeden, den er als den Seinen anerkennen soll. „Trachtet am ersten nach dem Reiche Gottes“ — dies Wort stellt die Sorge um das Reich Gottes obenan, sie hat beim Christen die erste Stelle einzunehmen, und was er weiter von seinem Jünger verlangt, lehren weiter die Worte: „Wer Vater oder Mutter mehr liebet, denn mich, der ist mein nicht werth. Und wer Sohn oder Tochter mehr liebet, denn mich, der ist mein nicht werth. Und wer nicht sein Kreuz aufnimmt und folget mir nach, der ist mein nicht werth. Wer sein Leben findet, der wird's verlieren, und wer sein Leben verlieret um meinetwillen, der wird's finden“. Das ist ein Wort an die Kinder dieser Zeit, ein zweischneidiges Schwert in's Gewißen.

Wer das menschliche Getriebe kennt, sonderlich in unserer Zeit, der muß sagen, wenn eine Predigt uns noth ist, so ist es über diesen Punkt. Die Vermischung mit der Welt, auch in der äußeren Gemeinschaft, macht selbst die besten Christen stumpf und lehrt sie die betrügliche Kunst, ihr Leben so einzurichten, daß sie ihre besonderen Interessen mit denen des Reiches Gottes zu vereinigen wißen. Was nur menschliche Klugheit zu leisten vermag, wird zu dem Zweck aufgeboten, wie man das Unvereinbare vereinigt, Gott und Welt. Man bietet allen menschlichen Scharfsinn und viele Gelehrsamkeit auf, man erfindet Theorien und Systeme eines christlichen Verhaltens, welches den Forderungen des göttlichen Worts entsprechen soll, und nach welchem man doch das Seine dabei in größerer und feinerer Weise suchen kann. Luther nennt solche Leute Rießlinge, welche um des Brotes und äußeren Vortheils willen unserem Herr Gott nachlaufen, so lange es etwas zu holen gibt, aber sich davon schleichen, wenn es gilt, etwas daran zu geben und zu leiden. Wie unzählige in allen Ständen, geistlich und weltlich, sehen das Reich Gottes und seine Kirche als eine milchende Kuh an, die sie auf's beste ausbeuten und worunter sie ihren Vortheil ersehen mit dem Scheine, Gott und seinem Reiche damit zu dienen. Man braucht es gar nicht zu machen wie die Drohnen, die faulenzen und sich von dem Honig nähren, den die Arbeitsbienen einbringen; man kann sich's sauer werden laßen und wirklich etwas leisten, ja Erfolge haben im Reiche Gottes, und doch im Grunde das Seine suchen und seinen Sonderinteressen nachgehen.

Wir brauchen uns gar nicht weit umzusehen, oder an den und jenen unserer Bekanntschaft zu denken. Es darf jeder Christ getrost in seinen eigenen Busen greifen und die prüfende Frage an sich stellen: Suchst du wirklich Christum und sein Reich, magst du ihn ganz und aufrichtig, hast du dich so völlig für ihn entschieden, daß das Interesse seines Reiches dir über alle andern Interessen, über alle deine Sonderinteressen geht?

Nun es wird sich zeigen. So viel du opferfähig bist, wenn es der HErr verlangt, so weit ist dein Sinn lauter. Wir leben aber in Zeiten, die es einem bald nicht so leicht machen möchten, mit seinem Christentum die Probe zu bestehen und sich als rechter Christ in Leiden und im Hingeben des Seinen, auch des Theuersten, zu bewähren. Da wird sich die Masse der Christen scheiden und mancher sich zurückziehen, von dem man es nicht gedacht hätte. Da wird der Unterschied von rechten und Schein-Christen, der jetzt schon da ist, aber verborgen, offenbar werden und heraustreten. Da werden gar viele nicht wißen, wie ihnen geschieht, wenn sie von ihren Interessen auf die verkehrte Seite gezogen werden und wider Christum stehen, weil sie die Kraft und den Muth nicht haben, sich selbst und das Ihre daran zu geben, und sich für ihn zu bekennen. Woher anders kommt jetzt schon in den Zeiten der Ruhe und Sicherheit die große Lauigkeit und Kraftlosigkeit zum Guten? Warum ziehen die Christen gegenüber der Welt immer den Kürzeren und können es nicht dahin bringen, daß sie ihres Glaubens leben und in ihrer Weise Gott dienen und nach Seinen Sitten, Rechten und Geboten wandeln dürfen? Weil ihnen der Zeugenmuth und die Kraft des Zeugnisses fehlt, weil sie für sich und ihre Interessen fürchten, weil sie ihre Interessen über die Reichsinteressen setzen.

Darin liegt das Geheimnis der Kraft im christlichen Leben und Wirken, daß man in Einfalt und Lauterkeit das Eine Interesse verfolgt und dann um alle andern Folgen sich nichts kümmert. Das ist auch die höchste Weisheit und Klugheit, der das Gelingen auf dem Fuße folgt, weil der Herr dabei ist und seine Verheißung in Erfüllung bringt: „Wer verläßt Häuser oder Brüder oder Schwestern oder Vater oder Mutter oder Weib oder Kinder um meines Namens willen, der wird es hundertfältig nehmen und das ewige Leben ererben". Matth. 19, 29. Dazu gehört einfältiger und lauterer Sinn, und aus dem erwächst der starke Glaube, der sich bei allem Zagen an die Worte der Verheißung hängt. Aber dieser Sinn will geweckt und genährt und groß gezogen sein. Im Kleinen muß die Kraft geübt werden, damit sie im Großen die Probe halte. Darum hüte dich, o Christ, vor dir selber und vor deinen Sonderinteressen. Töde den Sinn, der das Seine sucht. Uebe dich, deine Interessen den Interessen des Reiches Gottes unterzuordnen. Mache einen Gegenstand des Studiums daraus, wie du dich selbst verleugnen und dich und das Deine dem HErrn zum Opfer bringen könnest, täglich, nicht zum Schein, sondern in Wahrheit und Lauterkeit des Herzens, ohne Heuchelei, denn du hast es mit dem zu thun, der Herzen und Nieren prüft. Bitte Gott, daß er dir den Opfergeist gebe und den Sinn in dir groß ziehe, dem kein Opfer zu groß ist, wenn Er es fordern sollte. Siehe zu, daß Er, dein HErr und die Förderung seines Reiches dir über alles gehe. So wirst du in Kraft vorwärts gehen und einen Sieg um den andern erringen, auch endlich die Probe wol bestehen, die keinem erspart bleibt. Der HErr aber führe uns nicht in Versuchung und wenn er es thut, so möge er uns nicht fallen oder abfallen laßen, sondern machen, daß wir bestehen und unser Glaube bewährt werde wie das Gold im Feuer.

Herausgeber:

Bauer, Inspektor der Miss. Anstalt in Neuendettelsau.

C. Stirner, Pfarrer in Fürth.

Erscheint monatlich. — Preis jährlich 30 kr.

Druck und Verlag der C. H. Beck'schen Buchdruckerei in Nördlingen.

Correspondenzblatt

der Gesellschaft für innere Mission

nach dem Sinne der luth. Kirche.

Nro. 3. März 1861. II. Jahrg.

Inhalt: Die verderbliche Praxis in Ehesachen. — Bemerkung.

Die verderbliche Praxis in Ehesachen.

Ein Krebsschaden der lutherischen Kirche.

(Schluß.)

Noch ungleich zahlreicher, weil noch viel weniger gehindert und zum Theil gar nicht zu verhindern, sind die Ehen (namentlich auf dem Lande), da ein Mann nicht mit derjenigen Person, mit der er außer der Ehe Kinder erzeugt hat, oder ein Weib nicht mit dem Mann, von dem es außer der Ehe Kinder hatte, in die Ehe tritt, wie es nach Gottes Wort geschehen müßte, sondern eine zweite oder gar eine dritte Person ehelicht.

Eine solche Ehe verletzt eine Menge geheiligter persönlicher Rechte und Beziehungen. Fürs erste wird die in Gottes Wort ausdrücklich gebotene Wiedererstattung der geraubten jungfräulichen Ehre an die Person, mit der einer gesündigt hat, unterlaßen, ein Ungehorsam, der häufig eine neue größere Schuld als die erste nach sich zieht. Es ist eine schwere Versündigung an der treffenden Person an sich und weil sie nur allzu oft in Folge der Verlaßung leiblich und geistlich, ja ewig zu Grunde geht. Die Seufzer und Klagen solcher Unglücklichen untergraben nicht selten die neue Ehe und sind der fruchtbare Same neuen Elendes für den schuldigen Theil und seine Angehörigen. Fürs andere werden mit der Mutter auch meist die Kinder verlaßen und verstoßen; sie werden von den rechten Vätern angesehen und behandelt nicht bloß als Stiefkinder, sondern als ganz fremde, um die man sich gar nichts mehr kümmert und für die man gar kein Interesse mehr hat. Ja das geht bis zur unnatürlichsten Aufhebung des Vater- und Kinderverhältnisses, ja der von der Natur eingepflanzten Regungen der Liebe. Und das kann doch unmöglich geschehen ohne Verrohung, ohne den sitten- und seelenverderblichsten Einfluß auf ganze Familien zu äußern, die unter solchen verhängnisvollen Verwicklungen seufzen. Welcher Jammer ist es, daß die Kirche hunderte und tausende solcher offenbar in Gottes Wort verbotener Ehen einsegnet, einsegnen und dulden muß, weil es ihr theils an Ernst, theils an der Macht gebricht, solche zu verhindern.

3.

Was nun die Ehescheidung betrifft, so ist im allgemeinen für die lutherische Kirche insonderheit zu beklagen, daß dieselbe eine Sache ausschließlich der weltlichen Gerichte ist. Früher hatten doch die Consistorien die Ehesachen zu behandeln, also Gerichte, die wenigstens gemischt waren und aus geistlichen und weltlichen Mitgliedern bestanden. Nun ist aber die ganze Sache der Ehescheidung, die Sühneversuche und etwaige sonstige seelsorgerliche Einwirkung ausgenommen, in die Hände der weltlichen Richter gelegt. Sie haben die höchste und letzte Entscheidung zu geben, als Obergerichte. Die Untergerichte, was nicht weniger wichtig, ja vielleicht noch wichtiger ist, haben die Einleitung der Scheidungsklagen und die denselben vorangehenden ersten Verhandlungen der Ehedissidien. - Wie wenig das zarte Verhältnis der Ehe und ihre Störungen geeignet sind für eine bureaukratische Behandlung, ist eine Sache, die jedem einleuchtet. Wie verderblich in vielem Betracht eine solche Behandlung für die Sittlichkeit des Volkes bei beginnenden Ehestreitigkeiten ist, auch abgesehen von unwürdiger und leichtfertiger Behandlung der Sache, welche hier so leicht eintritt bei der allgemeinen Leichtfertigkeit in geschlechtlichen Dingen, an der in unserer Zeit die höheren Stände nicht minder als die niederen leiden, und worin die ersteren den letzteren oft mit ärgerlichem Beispiel vorangehen: — darüber haben sich schon viele ernste und gewichtige Stimmen vernehmen laßen.

Eine weitere Noth für die Kirche entsteht durch den Umstand, daß die Ehegesetzgebung in den Händen der weltlichen Gewalt und zwar nicht allein der Rechtskundigen, sondern auch politischer Körperschaften ist, die von ganz anderen Interessen geleitet werden, als von kirchlichen, ja oft von antichristlichen, und die oft aus den verschiedensten Confessionen zusammengesetzt sind, so daß deshalb die Ehegesetze keineswegs im Einklang, vielmehr im grellsten Widerspruche mit den älteren luth. Kirchenordnungen und mit dem Worte Gottes stehen. Der moderne Staat geht seinen Weg und kümmert sich je länger je weniger ums Christentum. Und niemand kommt dabei schlimmer weg als die luth. Kirche, weil sie nicht auch, wie die römische, ungehindert ihren Weg gehen kann. Zum Beleg des Gesagten sollen hier im sorgfältigen Auszug die Ehescheidungsgründe stehen, welche das Preußische Landrecht aufstellt. Es sind folgende: 1) Ehebruch und unnatürliche Wollustsünden; 2) bösliche Verlaßung des einen Theils, wenn die richterliche Aufforderung zur Rückkehr in einer gewissen Frist erfolglos ist; 3) halsstarrige und fortdauernde Versagung der ehelichen Pflicht; 4) ein während der Ehe entstandenes gänzliches Unvermögen, die eheliche Pflicht zu leisten; 5) Raserei und Wahnsinn, wenn sie ohne Hoffnung der Beßerung über ein Jahr fortdauert; 6) Nachstellungen nach dem Leben, grobe und widerrechtliche Kränkungen der Ehre oder der persönlichen Freiheit des andern Theils, unter Umständen auch geringere Thätlichkeiten und Beschimpfungen, hoher Grad von Unverträglichkeit und Zanksucht; 7) grobe Verbrechen; 8) unordentliche Lebensweise, Trunkenheit, Verschwendung; 9) Versagung des Unterhalts; 10) Veränderung der Religion, wenn diese ein ursprüngliches Ehehindernis ist; 11) unüberwindliche Abneigung, bei kinderlosen Ehen gegenseitige Einwilligung in die Scheidung. — Das richterliche Urtheil bewirkt eine gänzliche Aufhebung der Ehe. Auf bloße Scheidung von Tisch und Bett soll nicht erkannt werden, so bald nur ein Theil protestantisch ist. Daraus folgt dann nothwendig, daß den Geschiedenen die Erlaubnis der Wiederverehelichung vom Staate in allen den Fällen nicht verweigert werden kann; nur hinsichtlich der Zeit treten Beschränkungen und hinsichtlich der Wahl der Personen einige Verbote ein. Ob ein Geschiedener nach den Grundsätzen seiner Religion wieder heiraten könne oder dürfe, bleibt seinem Gewißen überlaßen. — So weit die Bestimmungen des preußischen Landrechts. Niemand wird leicht auch vom weltlichen und bloß sittlichen Standpunkt diese Ehegesetzgebung als musterhaft erkennen und den Geist, aus dem sie hervorgegangen ist, loben. Vielmehr ist man, weil man aus Erfahrung den großen Schaden kennt, welchen dieser Geist dem Volksleben in dem hochwichtigen Institut der Ehe gebracht hat, da und dort mit der Revision dieser Gesetze beschäftigt. Daß sie dem christlichen Bewußtsein und dem klaren Wort Gottes fast durchweg entgegen sind, braucht wol nicht viel Beweises. Sie wollen aber auch einen ganz anderen Standpunkt einnehmen, der verschieden ist vom religiösen Standpunkt.

Und hier ist eigentlich der größte Schade und die unerträglichste Last für die Kirche und für das Gewißen treuer Pfarrer insonderheit, daß die Kirche und ihre Diener bei den ganz veränderten Zeitverhältnissen, namentlich dem Verhältnis von Kirche und Staat so an den Wagen des Staats gespannt sind, daß sie seine Entscheidungen und gesetzlichen Normen in Ehesachen auch auf ihrem Gebiete, wo doch allein Gottes Wort und die Ordnung der Kirche gelten darf, zur Norm des Handelns machen müßen. Möchte der Staat immerhin Ehegesetze machen und handhaben, wie er sie glaubt zu bedürfen, wenn nur nicht die Diener der luth. Kirche genöthigt wären, die aus irgend welchen Gründen Geschiedenen zu trauen und damit direct und thatsächlich alle die schriftwidrigen Scheidungsgründe anzuerkennen, ja im Namen des dreieinigen Gottes zu sanctionieren und den göttlichen Segen darüber zu sprechen. Wahrlich es läßt sich kein schreienderes Misverhältnis in der gegenwärtigen Zeit, kein beklagenswertherer Uebelstand, keine größere Gewißensnoth, keine größere Entwürdigung des Heiligen, keine für Kirche und Staat verderblichere Praxis denken, als die, wozu die lutherischen Geistlichen durch ihre Amtsinstruction in Ehesachen verpflichtet sind und zu deren Befolgung ihre vorgesetzten Behörden sie bei Vermeidung von sehr empfindlichen Disciplinarstrafen anzuhalten durch die Umstände gedrungen sind, auch wenn sie gegentheiliger Ueberzeugung sind. Man hat zwar gerade von dieser Seite das Mögliche versucht und es besteht bei uns eine Verordnung der geistlichen Behörden, welche den Zweck hat, die Gewißen der Geistlichen bei Trauungen unrechtmäßig Geschiedener zu schonen. Es kann ein Pfarrer bitten, aus Gewißensgründen mit der Trauung eines Pfarrkindes, von dem er glaubt, daß es schriftwidrig geschieden sei, verschont zu werden. Aber dies ist nur eine scheinbare Hilfe, denn es wird doch nur sein subjectives Gewißen, d. h. eigentlich sein Zartgefühl geschont, daß er eine Handlung, die er für unrecht und schriftwidrig hält, nicht in eigener Person vollbringen, daß er nicht mit eigenem Munde den Segen spenden und mit eigener Hand am Altar vor Gottes Angesicht und in seiner Gegenwart diejenigen zusammengeben muß, deren Verbindung er als ehebrecherisch und verdammlich im Herzen ansieht. Das kann ihm erlaßen werden, aber eines nicht, davon kann ihn keine Macht entbinden, als sein eigener bestimmter Willensentschluß, es zu verweigern in Gottes Namen, nemlich die Ausstellung eines Dimissoriale, d. h. einer Amtsvollmacht für einen anderen Geistlichen, die Trauung in seinem Namen vorzunehmen. So sehr damit ein Diener Gottes die Handlung, die er scheut und flieht, in die Ferne und aus den Augen gerückt sieht, so ist die Handlung doch sein, ganz sein, seiner Verantwortung, denn der andere handelt ja bloß in seinem Namen und Auftrag, er thut, was er mit eigenem Munde, mit eigener Hand zu thun verweigert, durch fremden Mund und fremde Hand. Wozu sonst unter allen Umständen das Dimissoriale, wenn nicht ganz allein in der weiten Welt der treffende Pastor, und kein anderer, das Recht und die Pflicht hätte, sein Pfarrkind zu segnen oder aber ihm den Segen zu verweigern? Und wenn nun der Amtsbruder stellvertretend und ausdrücklich bevollmächtigt die Handlung vollzieht, wird dadurch die Sünde kleiner und nicht vielmehr größer, weil verdoppelt, indem der Stellvertreter, wie er immer gesinnt sein mag, doch nach der Ueberzeugung dessen, der die Vollmacht gibt, dieselbe Sünde thut, die er selbst scheut, und zu dieser Sünde von ihm selbst, wenn auch nur indirect, verleitet wird. Das ist einfach und unwidersprechlich. Daß er sich auch an seinem Pfarrkind versündigt, will ich nur andeuten. Also gibt es in dem Fall gar keine Hilfe, als die Selbsthilfe der Verweigerung, und diese ist traurig genug und wirft ein schlimmes Licht auf die öffentlichen Zustände, die unter solcher Beleuchtung sich wie rechte Nachtstücke ausnehmen, bei denen es einem angst und wehe ums Herz werden kann. Wenn man bedenkt, wie viel derartige Fälle *) allenthalben vorkommen und wie jeder Augenblick jeden Pfarrer in den Fall setzen kann; wenn man ferner bedenkt, wie schwer es für einen Pfarrer ist, in einem solchen Conflict seiner Ueberzeugung mit einer gebotenen Amtspflicht allezeit das Rechte zu thun und einfach nach dem Worte zu handeln „man muß Gott mehr gehorchen als den Menschen“: so kann man nicht anders als aus tiefster Seele beklagen, daß durch die Macht der obwaltenden Umstände und Verhältnisse so viele Gewißen sonst treuer Knechte Gottes geschlagen, und noch mehr, daß so viele weniger wache Gewißen dadurch fälschlich beruhigt, eingeschläfert und allmählich abgestumpft werden, indem sie erst die Verantwortung denen zuwälzen, von welchen ihnen der Befehl zugeht, sodann das Unrecht mit den Umständen und mit der Herzenshärtigkeit der Menschen entschuldigen und zuletzt es selbst gut heißen und vertheidigen. Aber wird der große Erzhirte am Tage der Rechenschaft auch sich mit solchen nichtigen Gründen und Entschuldigungen abfinden laßen? Wird er sie nicht vielmehr alle zu nichte machen mit Einem Blick,

*) Es wäre interessant und sehr wünschenswerth, eine Statistik über die Zahl der Ehescheidungen, auch nur in einem Lande zu haben, und dabei die Angabe, wie viele um schriftmäßiger Scheidungsgründe willen, und wie viele aus andern Gründen geschieden sind. Dabei wäre aber der Grund des Ehebruchs und der der böslichen Verlaßung wieder genau zu scheiden.

mit Einem Hauch seines Mundes, und seine Diener einfach nach dem Gehorsam gegen sein Wort fragen? Was werden sie ihm antworten, wenn er die Schuppen von ihren Augen fallen läßt und offenbar wird aller der Schaden und Jammer, das unsägliche sittliche Verderben, das von diesem Punkte aus über sein Volk gekommen ist?

Und das arme Volk, wie übel ist es daran, wenn tausende von eingegangenen Ehen, die der Staat erlaubt und der Priester im Namen Gottes eingesegnet hat, nach Gottes Wort für offenbaren Ehebruch erklärt werden müßen! Was für Unsegen, was für eine Quelle von Elend und Jammer eröffnet sich hier für tausende von Familien. Wie manches Geschlecht trägt einen geheimen Fluch mit sich und wird der göttlichen Zornesheimsuchungen nicht los. Und das sündliche Verderben, das sich von dem Punkt aus über die Masse des Volkes ergießt in Wirkungen, denen man nicht nachgehen, die man nicht berechnen, die man nicht meßen kann, liegt das nicht wie ein Bann auf der ganzen Kirche? Denn wenn das heiligste und zarteste aller sittlichen Verhältnisse, die Ehe, und zwar unter dem Schutz der Kirche und mit Autorisation der Kirche in dem Maß dem Verderben und der Auflösung preisgegeben wird, dürfen wir uns noch wundern, daß im Uebrigen die Sittenverderbnis so groß und allgemein im christlichen Volke ist, wie sie ist? Und möchte ja die Welt diesen Weg gehen, wie sie nicht anders will, aber daß ihn die Kirche sanctionieren und an ihrem Theile dazu beitragen muß, die Ehe selbst herabzuwürdigen und ihre göttlichen Grundlagen, auf die sie gebaut ist, mit niederzureißen sammt dem, was mit ihr so innig zusammenhängt, dem Familienglücke, das ist der größte Jammer und der allergröste Schaden. Oder sind das übertriebene Worte?

Wenn man, wie billig, in Abzug bringt, wie viel Gott nach seiner Barmherzigkeit und Nachsicht Strafen zurückhält, weil er die große Unwißenheit des Volkes in dem Stücke, die Macht des bösen Beispiels und den Druck der allgemeinen Zustände ansieht und auf Beßerung hofft, so ist doch auf eben dem Gebiet, von dem wir reden, so viel bewußte Sünde und Schuld, so viel Gottlosigkeit und frevler Leichtsinn, so viel eingefreßenes Verderben, daß wir uns nicht wundern dürfen, wenn Gott die wenigen Dämme und Schutzwehren, welche die allgemeine Sittlichkeit noch einigermaßen erhalten, gar wegnimmt, und wenn er den Strom der allgemeinen Sittenverderbnis und damit die Flut seiner Strafgerichte unaufgehalten hereinbrechen läßt, wenn er damit thatsächlich zu erkennen gibt, wie Er die Sache ansieht, und welcher Ernst es Ihm damit ist. Zu allen Zeiten war die Lockerung der ehelichen Bande und die Entheiligung des ehelichen Standes der Anfang zum allgemeinen Sittenverderben der Völker. Die Ehe ist der Grundpfeiler aller sittlichen Verhältnisse. Wo dieser Pfeiler wankt, da werden auch andere sittliche Grundverhältnisse, wie das Verhältnis der Kinder zu den Eltern und der Eltern zu den Kindern, ja alle Pietätsverhältnisse, alles, was in das Bereich des 4. Gebotes gehört, gelockert, innerlich faul und morsch. Darum sollen wir den tief eingefreßenen und immer weiter um sich freßenden Krebsschaden, wie wir ihn kennen gelernt haben, ja nicht gering anschlagen, sondern als eine Lebensfrage für Staat und Kirche ansehen.

☛ Bemerkung.

Für Freunde, welche gerne persönlich oder in der Ferne durch Gebet theilnehmen, sei bemerkt, daß die Abordnungsfeierlichkeit für die abgehenden Zöglinge am Sonntag Palmarum, Nachmittags 4 Uhr, dahier stattfinden wird. Die Umstände ließen keine andere Wahl des Tages zu. Der Herr möge unser gemeinsames Gebet erhören, alle Hinderniße des Weggehens gnädig beseitigen und der Mühe der Aussaat einen reichen Erntesegen folgen laßen. Die Namen der Zöglinge sind:

Paul Bredow aus Gülzow in Pommern,
Wilhelm Kröncke aus Bensheim im Großherzogtum Hessen,
Georg Reinsch aus Züllichau in Schlesien,
Julius Stürmer aus Schloß Leerodt bei Saarbrücken in Rheinpreußen,
Lorenz Schorr aus Arnshöchstädt in Mittelfranken.

Neuendettelsau den 1. März 1861.

Fr. Bauer,
Inspector der Missionsanstalt.

Herausgeber:
Bauer, Inspektor der Miss.-Anstalt in Neuendettelsau.
C. Stirner, Pfarrer in Fürth.

Erscheint monatlich. — Preis jährlich 30 kr.

Druck und Verlag der C. H. Beck'schen Buchdruckerei in Nördlingen.

Correspondenzblatt

der 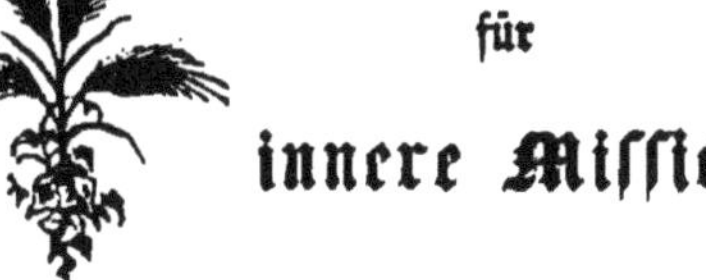 für

Gesellschaft innere Mission

nach dem Sinne der luth. Kirche.

Nro. 4. April 1861. **II. Jahrg.**

Inhalt: Jahresbericht der Missionsanstalt in Neuendettelsau für das Schuljahr vom 1. Nov. 1859 bis zum 15. Oct. 1860. — Etwas zur Prüfung und zur Würdigung unserer allgemeinen, besonders kirchlichen Zustände. — Gesuch.

Jahresbericht der Missionsanstalt *) in Neuendettelsau für das Schuljahr vom 1. Nov. 1859 bis zum 15. Oktober 1860.

Jahresberichte über Anstalten, die ihren stätigen Gang gehen, und eben das ist ihr Vorzug, kein Mangel, haben etwas Einförmiges. Nur der Blick auf den Zusammenhang mit bereits gewonnenen Resultaten und die Größe und Bedeutung des Arbeitsfeldes, dem ihre Kräfte zugewendet sind, verleiht den Bestrebungen und Leistungen solcher Anstalten, wie unsere Missionsanstalt eine ist, einen Reiz und größeres Interesse. Geht man aber darauf ein, so gewinnt der Bericht den Schein der Ruhmredigkeit, die ohnedies wirklich eine Krankheit ist, an der fast alles unser Berichtwesen leidet. Ich für meine Person möchte meiner Neigung nach lieber ohne allen Bericht in der gewohnten Stille des HErrn Werk treiben. Aber die Sache ist eben nicht zu umgehen und hat auch eine andere förderliche Seite. Wir bedürfen immerdar der Anregung und Ermunterung zu allem Guten, und so auch zu dem Werke der Mission. Namentlich ist unsere Missionsanstalt die einzige in ihrer Art, welche die amerikanische Mission, die Mission unter den ausgewanderten Deutschen wie unter den benachbarten heidnischen Indianerstämmen, in der luth. Kirche Deutschlands vertritt, eine Mission, welche, man mag sagen, was man will, uns und unserer Kirche am nächsten liegt, so wenig auch der Gedanke, namentlich was die Mission unter den Deutschen betrifft, unter uns gefaßt ist und die erwünschte Theilname gefunden hat. Daß unsere Anstalt noch besteht und immerzu arbeitet und sendet, daß eine 19jährige Arbeit, die durch Gottes Gnade solche Erfolge gehabt hat, noch immer nicht zu ihrem Ziele gekommen ist, ist ein thatsächlicher Beweis von dem noch immer vorhandenen Bedürfnis, von der noch nicht gestillten Noth. Man kann sagen, wenn man auf die in Amerika bestehenden, auch nur auf die unmittelbar von uns gegründeten ähnlichen Anstalten, die Predigerseminare, sieht, daß seit einer Reihe von Jahren mit mehr als verdreifachten Kräften das Ziel, dem wir von Anfang zustrebten, mit dem höchsten Eifer, ja mit einer Art von Wetteifer verfolgt wird — und doch ist das Arbeitsfeld noch so groß, daß die verzehnfachten Kräfte und der verzehnfachte Eifer in einer eben

*) Durch allerlei Umstände veranlaßt, erscheint dieser Bericht unlieb verspätet. D. Red.

so langen Reihe von Jahren, immer noch ein unermeßliches Arbeitsfeld finden würde. So groß, so ausgedehnt ist die kirchliche Noth unter unsern Glaubensbrüdern in Nordamerika. Und der Größe der Noth entspricht völlig die Größe des Erfolges. Die Missourisynode mit ihren hunderten von Gemeinden und Predigtplätzen, diesen werdenden Gemeinden, verdankt ihre Größe und Bedeutung größtentheils unserer Beihilfe, etliche von uns ausgegangene Arbeiter wirken in der Synode Buffalo, und die jüngste unter den lutherischen Synoden, die allein von uns ihren Ursprung herleitet, zählt gegenwärtig an 30 Pastoren und Heidenmissionare. Man sollte denken, ein solcher Fortgang sei allein Einladung und Empfehlung genug. Und doch ist der Eifer für die amerikanische Mission auf einen sehr kleinen Kreis beschränkt, vielen, selbst in unserem Vaterlande, noch gänzlich unbekannt. In den letzten Jahren konnten wir wegen geminderter Gaben für innere Mission die gewöhnliche Zahl der Schüler nicht vollmachen und mußten manchen abweisen, der sich dafür anbot. Es mag unser stiller geräuschloser Gang, es mag die unverstandene, vielfach misdeutete Richtung, der man volles Unrecht thut, wenn man an ihr die Treue gegen die lutherische Kirche bezweifelt, es mag auch die vorwaltende Liebe unserer Zeit für die Heidenmission dazu beitragen. Was den letzten Punkt betrifft, so thun unsere besten Freunde in guter Meinung unserer Sache Abbruch, indem sie durch das Neue und Interessante, was die Versuche der Jowasynode, unter den Heiden zu missionieren bieten, sich bewogen fühlen, ihre Gaben mehr der Indianermission zuzuweisen. Dadurch geschieht dem Werk der innern Mission Abbruch, während für die Heidenmission hinreichend dadurch gesorgt ist, daß der bayer. Centralmissionsverein die Indianermission kräftig unterstützt. Unsere Anstalt wie die Gesellschaft, der sie gehört, dient der innern Mission. Das ist ihre eigentliche Aufgabe, und diese ist ohne Zweifel unvergleichlich wichtiger und bedeutender als die Indianermission, ja als alle Heidenmissionen, welche die lutherische Kirche treibt. Wir dienen gerne und mit Freuden gelegentlich, so weit sich das Bedürfnis herausstellt und Lust bei den einzelnen Zöglingen da ist, auch der Heidenmission. Aber wir müßen immerzu unsere Anstalt als eine Weck- und Mahnstimme ansehen, welche die vergeßene und nicht hoch genug angeschlagene Mission unter den verlaßenen deutschen Glaubensbrüdern in N.Am. in Erinnerung bringt und deren Hilferuf: „kommt herüber und helft uns" unsern Brüdern ans Herz legt. Thun wir also unsere Pflicht, reden und zeugen und überlaßen es dem HErrn, daß er für sein Werk das Maß der Theilnahme erwecke, das Ihm gefällig ist.

Ich gehe nach diesen Vorbemerkungen zu dem über, was über die Anstalt in diesem Jahre zu berichten ist. Gott sei gedankt, daß uns sein Segen und seine Gnade nicht verlaßen hat und sich immer neu erweist, daß wir täglich seine Güte zu rühmen haben.

Im Lehrerpersonale haben sich im Laufe des Jahres Veränderungen zugetragen. Herr Senft, welcher im Sommersemester engl. Unterricht gegeben hatte, gieng von hier wieder ab und damit hörte dieser nicht unerhebliche Unterrichtszweig aus Mangel an einem Lehrer auf.

Wichtig war die Wiederbesetzung der zweiten Lehrerstelle, wodurch die bisher manchfach vertheilten Lehrgegenstände wieder in eine Hand gelegt werden konnten. Es trat mit voller Liebe zu seinem Beruf und mit erfolgreicher Hingabe an denselben Herr Vicar Dr. Ferdinand Weber aus Schwabach ein, welcher die sämmtlichen geschichtl. Gegenstände und theilweise den Unterricht in den alten Sprachen überkam.

Im Anfang des Sommersemesters verließ uns Herr Cantor Güttler, und es trat an dessen Stelle Herr Conrector Lotze in der Weise ein, daß der Musikunterricht mit dem Unterricht und der praktischen Unterweisung in der Liturgie vereinigt wurde.

Die Lehrgegenstände im Wintersemester $18^{59}/_{60}$ waren:

1) Elementargegenstände: Insp. Bauer.
   a) Schönschreiben, theoretisch und praktisch. Durchschreiben der Schule, deutsch und lat.
   b) Orthographie, praktische Uebungen. Beides wurde im Anfang des Semesters in einer Reihe von Stunden abgemacht.
2) Musik:
   a) Gesang, wöchentl. 3 Stunden,
   b) Unterricht auf der Physharmonica, wöchentl. 3 Stunden, Cant. Güttler,
   c) Unterricht auf der Violine, wöchentl. 3 Stunden, Conr. Lotze.
3) Neuere Sprachen:
   Deutsch. Stylistische Uebungen und Anleitung zu Dispositionen, Skizzen und Ausarbeitungen. Wöchentl. 2 Stunden. Insp. Bauer.
4) Alte Sprachen:
   a) Latein. II. Curs. Melanchthon loci theologici, Fertigkeit im Lesen und Befestigung

in der Syntax. Wöchentl. 3 Stunden, Vicar Dr. Weber.

I. Curs. Uebungen im Uebersetzen aus dem Latein. (den symb. Büchern) und Uebungen im Uebersetzen aus dem Deutschen ins Latein. nach Spieß. Wöchentl. 3 Stunden, Vicar Dr. Weber.

b) Griechisch. II. Curs. Die Pastoralbriefe und der Brief an Philem. sachlich und sprachlich erklärt, besonders zur Einübung der Syntax. Wöchentl. 2 Stunden; 1 Stunde wöchentl. wurde ein Dictat über die griech. Syntax gegeben. Insp. Bauer.

I. Curs. Die Anfangsgründe der Gramm. und die ersten Cap. des Johannisevangeliums. Wöchentl. 3 Stunden. Vicar Dr. Weber.

c) Hebräisch mit 2 Schülern. Genesis, Uebungen im Lesen und Uebersetzen. 2 Stunden. Vic. Dr. Weber.

5 Schriftauslegung.

Hieher gehört, was oben bei der griechischen Sprache bemerkt wurde. Ferner: Ausgewählte schwierige und wichtige Stellen aus dem 1. Brief an die Cor. verbunden mit Meditationen und Uebungen in schriftlichen Ausarbeitungen. Wöchentl. 3 Stunden. Insp. Bauer.

6) Ethik nach dem Lehrbuch von Harleß. Wöchentl. in 6 Stunden. Insp. Bauer.

7) Kirchengeschichte. Die Summe der ganzen Kirchengeschichte nach Kurtz kleinem Lehrbuch. Wöchentl. 5 Stunden. Dr. Weber.

8) Freie Besprechungen über pastorale Gegenstände verschiedener Art. Wöchentl. ein Abend im Pfarrhause. Pfarrer Löhe.

Sommersemester.

1) Musik.
a) Clavier und Physharmonica. Wöchentl. 2 Stunden. Dr. Weber.
b) Geigen. Wöchentl. 1 Stunde. Conr. Lotze.
c) Gesang und Unterricht im Liturgischen nach Löhes Haus-, Schul- und Kirchenbuch Thl. II. u. III. Löhes Agende u. Hommels Liturgie. Wöchentl. 5 Stunden. Conr. Lotze.

2) Lateinisch. Vincentii Lerinensis Commonitorium. Wöchentl. 2 Stunden. Dr. Weber. Daran nehmen sämmtliche Schüler Theil mit Ausnahme von Zweien, die in den Elementen von einem reiferen Schüler unterrichtet werden.

3) Dialektik u. Rhetorik. Fortsetzung des früher gegebenen Unterrichts, die Topik und die Lehre von den Fehlschlüßen. Wöchentl. 2 Stunden. Insp. Bauer.

4) Stylübungen. Wöchentl. schriftl. Ausarbeitungen, in denen besonders auf richtigen und guten Gedankenausdruck gesehen wird. Dazu dienen auch freie Arbeiten in den nachher zu erwähnenden akademischen Abenden und die wöchentlichen exegetischen Ausarbeitungen.

5) Bibelerklärung. Auswahl von schwierigeren und wichtigen Stellen aus dem Evang. Matth., verbunden mit schriftl. Ausarbeitung über das in gemeinsamer Meditation Durchgearbeitete. Mit Ausnahme v. 2 Schülern wird von allen der Grundtext gebraucht. Wöchentl. 3 Stunden. Insp. Bauer.

6) u. 7) Katechismus nach Löhe Haus-, Schul- und Kirchenbuch I. Theil, verbunden mit religiösen Gedächtnisübungen von Sprüchen und Liedern. Nach dessen Beendigung vergleichende Symbolik. Die Augustana nebst der Apologie wurden sorgfältig gelesen mit genauer Vergleichung der römischen Lehre nach der Festsetzung in dem Concil. Trident. und dem Katech. Rom. Wöchentlich 6 Stunden. Insp. Bauer.

8) Biblische Geschichte. 1. Theil von Anfang bis zu den Königen. Dabei ist es besonders auf gründliche Bibelkunde u. eingehendes Studium des A. Ts. abgesehen. Auch wird die Einleitung ins A. T. mit verbunden. Als Leitfaden wird Kurtz heilige Geschichte benützt. Wöchentl. 6 Stunden. Dr. Weber.

9) Kirchengeschichte. Eingehendere Behandlung. 1. Theil. Wöchentl. 5 Stunden. Dr. Weber.

10) Das Leben Jesu. Wöchentl. 2 Stunden. Pfarrer Löhe.

(Schluß folgt.)

Etwas zur Prüfung und zur Würdigung unserer allgemeinen, besonders kirchlichen Zustände.

1.

„Was uns, wenn wir mit nüchternem Blick die geistige Weltlage überschauen, in das Auge fällt, ist die Beobachtung, daß auf deutschem Boden das Erbe unserer Väter aufgezehrt ist u. eben auf die letzte Neige geht. Ein großer Theil unserer pastoralen Wirksamkeit, so wie der pastoralen Wirksamkeit unserer Väter und Vorväter, ruht — verhehlen wir uns das doch nicht — keineswegs direct auf dem christl. Glauben, sondern nur indirect: direct ruhte sie auf der Deutschen Sitte, oder der deutschen Gesinnung oder der deutschen Natürlichkeit, welche dem deutschen Volke von Gott aus besonderen Gnaden aus der Urzeit her bewahrt und dann, als der christl. Glaube verkündigt wurde, durch Christum so weit gefestigt wurde, daß dieselbe sich nicht so schnell, wie die Gaben anderer Völker, verzehrte. Aber eine Verheißung als Volk hat unser Volk so wenig wie Romanen, Kelten und Slaven; auch seine Natürlichkeit zehrt sich nach und nach auf und zwar unaufhaltsam und in einem von Jahrhundert zu Jahrhundert schneller werdenden Proceß. — — Das Familienleben ist bereits aufgelöst, sogar bis in den Bauernstand hinein, und es gehören nicht besonders scharfe Augen dazu, um zu sehen, daß auch da, wo dasselbe noch zu bestehen scheint, der Kern desselben bereits angefressen ist; davon, daß der Grundbesitz, um es kurz auszudrücken, in seinem Wesen ein Amt ist, nicht ein Gegenstand der Ausnützung und ein Mittel zum Genuß, ist schon fast das letzte Bewußtsein, oder richtiger gesagt, der letzte Funke des Instituts erloschen; der Ständeunterschied ist in der Sache bereits völlig nivelliert und nur noch in Formen vorhanden; Recht und Treue werden verlacht; Dankbarkeit von dem Jungdeutschtum für eine Altweibertugend erklärt. Es ist das deutsche Volk schon jetzt in demselben Grade atomisiert und pulverisiert, d. i. zu einer arithmetischen aus lauter gleichen Individuen zusammen zu addierenden Masse gemacht worden, wie das griechische Volk zur Zeit des achäischen Bundes oder das röm. Volk — wenn von einem solchen die Rede sein kann — unter dem Marius und Sulla oder unter den Imperatoren war. — — Daß aber eine Umkehr von der schiefen Ebene, auf der wir uns befinden, ja daß nur ein Stillhalten in dem Fortschritt dieser Cultur des Egoismus statt finden könne — daran ist nicht zu denken; das ist nach dem unverwerflichen und allgemeinen Urtheil der Geschichte völlig unmöglich. — —

„Da tritt die Frage an uns heran: Sind wir stark genug, die Kirche Christi als die einzige Organisation, der Auflösung aller andern Organisationen gegenüber, geltend zu machen? Das weltliche Gesellschaftssalz ist dumm geworden; sind wir (d. h. die Träger des geistl. Amtes), das Salz der Welt, noch kräftig genug, den Verwesungsproceß der Welt in einen Lebensproceß des Reiches Gottes umzugestalten? — — Wir antworten auf diese Fragen mit einem getrosten und zuverlässigen Ja; nicht als ob wir zu solchen Dingen aus uns selbst oder nur durch die uns mitgetheilten höheren Kräfte im Stande wären, sondern weil wir Werkzeuge und Diener des Herrn Jesu Christi sind, welcher durch uns, selbst bei uns gegenwärtig, vor uns, über uns, neben uns, hinter uns stehend, Seine Kirche u. durch diese die Welt regirt. Aber die Ausführung dieses Ja wird unserm natürlichen Menschen sehr schwer gemacht werden, und das wollen wir uns keineswegs verhehlen. Nur wer die Anfechtung zum Voraus als Anfechtung und in ihrer ganzen Schwere kennt, der wird in derselben bestehen.“

(Aus einem Aufsatz „Was kann kommen?“ aus der neu erschienenen Zeitschrift von Vilmar Pastoral-theologische Blätter. 3. Heft.*)

*) Gelegentlich soll die in Heften erscheinende Zeitschrift — 6 Hefte bilden einen Band und kosten 2 fl. — den Brüdern im Amte bestens empfohlen sein.

☛ Gesuch.

Man sucht bald möglichst ein gesetztes, in häuslichen Arbeiten nicht unerfahrenes, rücksichtl. der Treue und sonst wolbezeugtes, geistlich gesinntes Mädchen als Magd in das hiesige Missionshaus zu dingen. Angemeßener Lohn, freundliche Behandlung und Gelegenheit, an dem reichen gottesdienstlichen Leben hier Theil zu nehmen, ist das, was für entsprechende Leistung geboten werden kann. Nähere Auskunft ertheilt

NDettelsau den 22. April 1861.

Fr. Bauer, Insp.

Druckfehler in Nr. 2 1861.

S. 6, 1. Spalte Z. 27 von oben soll es heißen „vielfach“ verkannt, statt: „vielleicht“ verkannt. S. 9, 2. Spalte Z. 2 v. unten soll es heißen „gröberer“, statt „größerer“ Weise. S. 10, 1. Spalte Z. 21. v. oben soll es heißen „meinst du“, statt „magst du.“

Herausgeber:

Bauer, Inspektor der Miss. Anstalt in Neuendettelsau.

G. Stirner, Pfarrer in Fürth.

Erscheint monatlich. — Preis jährlich 30 kr.

Druck und Verlag der C. H. Beck'schen Buchdruckerei in Nördlingen.

Correspondenzblatt

der Gesellschaft für innere Mission

nach dem Sinne der luth. Kirche.

Nro. 5. Mai 1861. II. Jahrg.

Jahresbericht der Missionsanstalt in Neuendettelsau für das Schuljahr vom 1. Nov. 1859 bis zum 15. Oktober 1860.

(Schluß.)

In beiden Semestern wurde an jedem Montag akademischer Abend gehalten, in dem freie schriftl. Arbeiten der Schüler über verschiedene dienliche Gegenstände vorgelesen und besprochen wurden.

Ebenso wurde alle 14 Tage am Sonnabend Abend seelsorgerische Stunde abgehalten, welche besonders die Förderung in der gegenseitigen Zuchtübung und die sittl. Ueberwachung des Gemeingeistes zum Zweck hat.

Täglich werden am Morgen ein kürzerer, am Abend ein vollständiger liturgischer Gottesdienst gehalten. Das reiche gottesdienstliche Leben der hiesigen Gemeinde, besonders in den hohen Festzeiten, bietet den Zöglingen der Anstalt ein besonders wichtiges Förderungsmittel für den inwendigen Menschen und für ihre pastorale Ausbildung.

Eine nicht minder förderliche Uebung war es für dieselben, daß ihnen unter Aufsicht des Ortspfarrers an den Sonntagen der Besuch in christlichen Familien und die Leitung des häuslichen Gottesdienstes in denselben gestattet war.

Auch die regelmäßigen Versammlungen des freiwilligen Armenvereins in der Gemeinde boten ihnen viele förderliche Belehrung und Einsicht in die Verhältnisse der Armut und des Armenwesens dar. Auch die Theilnahme an 2 Pastoral- und Gesellschaftsconferenzen, welche im Frühjahr und Herbst hier stattfanden, gehört zu dem vielen Förderlichen für die Zöglinge der Anstalt, welches dieses Schuljahr auszeichnete.

Eine eigentümliche Hemmung hatte die Pflege des geistlichen Lebens auch in der Missionsanstalt durch die v. 17. Juli bis 17. Sept. sich erstreckende Amtssuspension des Pfr. Löhe in Folge verweigerter Trauung eines nach göttlichem Wort unrechtmäßig Geschiedenen erfahren.

Da nach Beschluß der Gesellschaft die öffentlichen Prüfungen künftig nur am Schluß des Sommersemesters statt finden sollen, trat am Schluße des Wintersemesters eine ernstliche und strenge Visitation der Anstalt ein, verbunden mit der mündlichen Prüfung der Abgehenden bei verschlossenen Thüren. Die letzteren hatten zuvor schon eine Reihe schriftlicher Arbeiten zum Beweis der Reife für ihren

Eintritt in das Amt eines amerikanischen Pastors gemacht. Für die Prüfung war von der Gesellschaft eine besondere Commission bestellt, die nicht aus Lehrern der Anstalt bestand.

Die Zahl der Schüler war im Wintersemester 10, von denen einer freiwillig zurücktrat; im Sommersemester 8. Zwei davon, Hermann Rehwold aus Lübeck und Johannes Heckel aus Roth, wurden für befähigt erklärt, wenn sie die jenseitige Synode Jowa annehmen will, in das h. Amt einzutreten; einer, Joh. Himmler aus Wustendorf, wurde für reif befunden, in eine Lehrerstelle einzutreten, wenn er es nicht vorzieht, im jenseitigen Seminar Wartburg die völlige Ausbildung für das h. Amt zu suchen. Als Schüler trat von der hiesigen Anstalt ins Seminar Wartburg ein Christian Räding aus Fredersdorf in der Uckermark in Preußen, der genöthigt war zu gehen, weil er eben noch vor seiner Militärpflichtigkeit die Auswanderungserlaubnis erhalten konnte.

Nachträglich ist zu erwähnen, daß im vergangenen Spätherbst 1859 ein Schüler von hier, Franz Malter aus Ramsberg in Pommern, aus gleichem Grund übers Meer gieng und in das Seminar Wartburg eintrat.

Unsern 4 abgehenden Zöglingen schloß sich der bisherige bayer. Pfarramtscandidat, zuletzt Pfarrverweser, Herr Dr. Fikenscher, Sohn des um die Kirche unseres Vaterlandes in vieler Hinsicht wolverdienten Herrn Kirchenraths und Dekans Dr. Fikenscher in Nürnberg an. Derselbe hatte aus innerem Antrieb und Ueberzeugung ohne äußere Veranlaßung, mit trefflichen Zeugnissen versehen, unter Vorbehalt des Rücktritts in die Rechte der bayer. Candidaten, auf die Ausübung derselben in seinem Vaterland verzichtet und seine Dienste der Synode Jowa angeboten, die sie auch gerne annahm.

Den 17. April fand im Betsaale des Diakonissenhauses die Schlußfeierlichkeit und Abordnung der Abgehenden statt. Insp. Bauer, darnach einer der abgehenden Zöglinge, zuletzt Herr Dr. Fikenscher hielten Abschiedsreden. Pfr. Löhe beschloß die Feier mit Gebet um Segen und Gedeihen für die Scheidenden und das ganze Missionswerk.

Am 1. Juli schifften sich Herr Dr. Fikenscher und Hermann Rehwold in Hamburg auf einem Dampfschiff, die andern 3 in Bremen auf einem Segelschiff ein.

Von jenseits erhielten wir günstige und erfreuliche Nachrichten durch einen der jenseitigen Brüder aus der Jowasynode, Pastor P. Kleinlein, der uns auf kurze Zeit besuchte und am 25. Juli hier eintraf.

Ein zweiter Besuch aus Amerika, der uns sehr erfreute und stärkte, war der von der Jowasynode abgeordnete Pastor und Professor am Seminar Wartburg, Herr Sigmund Fritschel, welcher den 8. September wolbehalten hier ankam. Der Zweck seiner Reise ist, im Auftrage der Synode Jowa bei den lutherischen Glaubensgenoßen diesseits des Meeres für das auf Glauben hin neugegründete und eben deswegen stark mit Schulden belastete Predigerseminar Wartburg Liebesgaben zu sammeln.

Den 11. September erhielten wir durch ein Schreiben des Prof. Gottfried Fritschel auf Wartburg an seinen eben angekommenen Bruder die erschütternde Nachricht, daß Missionar Bräuninger, kurz nachdem es ihm gelungen war, nach unsäglicher Mühe und Aufopferung mit seinen treuen Begleitern die Missionsstation am Powderriver zu errichten, plötzlich verschwunden sei und höchst wahrscheinlich unter den mörderischen Händen feindseliger Indianer sein Leben gelaßen habe.

Mögen alle diese erfreulichen und betrübenden Erfahrungen auf dem Missionsgebiete dazu dienen, alle diejenigen, die sich dem Missionswerke widmen, und alle die, welche es mit ihren Gaben und Gebeten unterstützen, desto mehr zu ermuthigen und sie dessen gewis zu machen, daß es des HErrn Werk ist, das sie treiben! Möge der HErr sich ferner, wie bisher, zu diesem seinem Werke bekennen und alle inneren und äußeren Hindernisse desselben kräftig überwinden lehren!

Geschrieben im Herbste 1860. Neuendettelsau.

Fr. Bauer,
Inspector der Missionsanstalt.

Etwas zur Prüfung und zur Würdigung unserer allgemeinen, besonders kirchlichen Zustände*).

(Fortsetzung.)

2.

„Was uns zunächst vor Augen liegt, täglich sich vollzieht, und mit jedem Jahre in größerem Maßstabe sich vollziehen wird, auch wenn durchaus keine politischen Erschütterungen eintreten, auch wenn „tiefer Friede“ bleiben sollte, ist die Spaltung, welche in unsere Gemeinden eindringt und die wir (die Pfarrer) selbst durch unser bloßes Dasein, ge-

*) Aus einem Aufsatz: „Was kann kommen?“ in Vilmars Pastoral-theologischen Blättern. Heft 3.

schweige denn durch Predigt und Zeugnis, provociren (hervorrufen). Seit der Mitte des 17. Jahrhunderts, gerade seit der Zeit, als unser „Volk" gläubig wurde, ist eine Differenz (Zwiespalt der Meinung) in die westeuropäische Menschenwelt eingetreten: Ablehnen des christlichen Glaubens und Rückkehr zum Heidenium (mit Bewußtsein jedoch, folglich Uebergang zum Antichristenium) auf der einen Seite, Zeugnis von Christo auf der andern Seite. Wir sind schon ganz nahe daran, keine christlichen Gemeinden im Ganzen mehr zu haben, sondern neben einer allerdings für jetzt noch erheblichen Mehrzahl von Gewohnheitschristen eine sich stets vermehrende Minderzahl solcher, welchen die heilige Taufe lästig ist. Nur durch äußere Rücksichten werden sie zur Zeit noch abgehalten, die heilige Taufe zu lästern und zu denen sich zu wenden, welche dahin gehen wie die Fische im Meer und das Gewürm, welches keinen Herrn hat: bei der ersten passenden Gelegenheit werden wir aus unseren Gemeinden ganze Schaaren, in einer unendlich größeren Anzahl als 1848, ausscheiden und uns in offener und höchst energischer äußerer Feindschaft gegenüber treten sehen. Was der „Staat" mit diesen ausscheidenden Haufen von Tauflästerern vorzunehmen habe, geht uns in diesem Augenblick nichts an, wiewol diese Frage bei den jetzt noch bestehenden „Staats-Einrichtungen" — — nicht so ganz leicht zu beantworten ist. Uns kann dies Ausscheiden nur höchst erwünscht sein, wie denn der Schreiber dieser Zeilen von dieser Art Epuration (Reinigung) der Gemeinden in den Jahren 1849 — 1850 die erfreulichsten Folgen für die Kirche erlebt hat.*) — Indes muß selbstverständlich von der Kirche diese Scheidung als eine definitive und in die Ewigkeit hineinreichende Scheidung in der unzweideutigsten Weise ausgesprochen und festgestellt werden, und dies mit Festigkeit und vollkommener Gleichmäßigkeit in allen Kirchenprovinzen (Landeskirchen) auszuführen, ist die nächste Aufgabe, welche von den Pfarrern und Kirchenbehörden erfüllt werden muß, und an deren Erfüllung oder Nichterfüllung sich von vornherein ausweisen wird, ob sie den Dingen, welche weiterhin kommen müßen, gewachsen sein werden oder nicht. Es darf um keinen Preis sich damit begnügt werden, daß diese Tauflästerer übergeben, sich selbst lossagen von unserer Gemeinschaft; wir haben sie abzutrennen von dem Leibe des Herrn. Das „Gehen laßen, wie es geht," ist in kirchlichen Dingen überall vom Uebel, in diesem Falle jedoch ein schweres Vergehen an der Kirche. Die Versuchung dazu liegt aber nahe, weil wir uns eine Reihe von Menschenaltern hindurch haben bestimmen laßen und darüber vergeßen haben, daß es unser Beruf überall ist, selbst zu bestimmen.*)

„Zwischen diesen in völliger Klarheit von uns geschiedenen Abgefallenen und uns liegt die breite und tiefe, darum auch höchst mannigfach abgestufte und verschieden gefärbte Schicht der Halbgläu-

*) Umgekehrt hat das Bestreben, solche erfolgte Ausscheidung wieder rückgängig zu machen und theils durch Lockung theils durch sanften Zwang die ausgeschiedenen widerwärtigen Elemente wieder in den Schoß der Staatskirche zurückzuführen, die betrübendsten Folgen gehabt. Der Adressensturm in Bayern 1856 ist des Zeugnis. Es ist bekannt, daß von den Deutschkatholiken und ihres Gleichen die Bewegung ausgegangen ist, zum Danke für den ihnen bewiesenen guten Willen. Und noch ist das Ende dieser Bewegung nicht da.
D. Red.

*) So sehr wir dem verehrten Verfaßer recht geben, so sehen wir doch nicht ab, wie dieser allerdings heilsame, ja für die Erhaltung und Rettung der Kirche in ihrem gegenwärtigen Bestand unumgänglich nöthige Proceß der Zucht zur Ausführung kommen soll, da wir keinen Proceß der Zucht in den Staatskirchen haben und keinen haben können. So sehr das in der Natur der Dinge liegt, so sehr es jeder menschlichen Vernunft einleuchtet, daß eine Gemeinschaft oder Gesellschaft sich selbst aufgibt und bereits aufgegeben hat, welche diejenigen in ihrer Mitte behält und nicht den Muth hat, sie auszuweisen, die eingestandener Maßen und öffentlich an ihrer Zerstörung arbeiten: so wenig findet diese Weisheit auf der Gaße doch ihre Anwendung auf die Kirche in ihrer derzeitigen Verfaßung. Eben darin besteht ihre Noth, ihre Rath- und Hilflosigkeit. Zur Ausführung des besagten Grundsatzes gehört nichts als Einmüthigkeit ihrer Glieder, ich will nicht sagen Aller, aber doch der überwiegenden Mehrzahl, und die ist nur möglich bei freien Bildungen von Gemeinschaften. Wo Geburt und äußere Verhältnisse die Zugehörigkeit bestimmen, da ist der mehrere Theil nicht mit dem Herzen bei der Kirche, ja zum großen Theil wider sie. Darum kann weder ein Pfarrer, auch wenn er das Recht hätte, noch ein Kirchenregiment, wie wir es haben, etwas machen und auch nur einigermaßen mit Ernst vorschreiten und durch Excommunication die Kirche reinigen wollen. Versuche der Art stehen höchst vereinzelt da, es fehlt ihnen aller Boden, und sie bleiben darum ohne die gewünschte Wirkung. In den allermeisten deutschen Landeskirchen sind die Zustände so, daß man auch in den auffallendsten Fällen es nicht wagen dürfte, mit Excommunication überhaupt, geschweige in dem Umfang, wie es hier nöthig werden könnte, vorzugehen. In vielen Ländern, wie bei uns, würden es auch die Staatsgesetze geradezu unmöglich machen. Die Excommunicirten müßen nach dem Gesetz einer religiösen Genoßenschaft angehören, und eine vom Staat erlaubte,

digen, welche den bestimmten Willen haben, auf ihrem elementaren Standpunkt, dem der Berufung und äußeren Erleuchtung, unter allen Umständen zu verharren, einen höheren Glaubensstandpunkt als den ihrigen ein für allemal nicht anzuerkennen, folglich auch den nachdrücklichen Anspruch erheben, es solle ein jeder, welcher einen höheren Standpunkt als sie einzunehmen behauptet, das Irrige dieser Behauptung unverweilt einsehen*) und sich mit ihnen sofort auf gleichen Boden stellen. Ihr Streben ist wesentlich dahin gerichtet, uns von unserem Standpunkt auf den ihrigen herabzuziehen, und sie können demnach ihrer Natur zufolge nicht anders als aggressiv (angreifend) gegen uns verfahren, wogegen sie mit tiefer liegenden, nach dem Abfall hin neigenden Regionen wo nicht sympathisieren, doch paciscieren (gemeinsame Sache machen). Da nun die unvergleichbar größere Menge der Getauften der Natur der Sache nach bis daher zu den Anfängern im Glauben, zu den Berufenen und äußerlich Erleuchteten gehört hat (und bis dahin gehören wird, daß der Abfall die Mehrzahl an sich zieht), so ist es nicht anders zu erwarten, als daß die weltliche Gewalt in überwiegendem Maße nach dieser Seite hin neige. Es ist dies diejenige Schicht, welche in aller Kürze als die der Union bezeichnet werden kann und naturgemäß mit dem Cäsaropapismus (der Herrschaft der weltlichen Macht in der Kirche) unabtrennbar verbunden ist, so daß diese beiden Erscheinungen eigentlich nur als die beiden Seiten einer und derselben Sache angesehen werden können. Mit dieser Richtung ist gegenwärtig der Streit in vollem, der Natur der Sache zufolge unentscheidbarem Gange begriffen. — — Es sind das zwei einander von Grund aus entgegengesetzte Standpunkte, an deren Versöhnung und Vermittlung nur der theologische Elementarschüler denken kann. — Dieser Streit ist ein Angriffskrieg eines niedrigeren Standpunktes gegen einen höheren mit der Absicht, denselben zu zerstören. (Schluß folgt.)

die ihrer Ueberzeugung angemeßen wäre," gibt es nicht. Es müßen also alle, auch die widerwärtigsten und sich widerstrebendsten Elemente beisammen bleiben, wie in einen Nothstall zusammengepfercht. Es ist aber unschwer einzusehen, daß das eine Unnatur ist, welche der Kirche und dem Staate zugleich die allergrößten Gefahren bringen muß, weil die versagte vernünftige Freiheit der Bewegung auf religiösem Gebiete sich über kurz oder lang gewaltsam und in zerstörender Weise Bahn brechen wird. D. Red.

*) Bezeichnend ist der Tadel und die Form desselben, den die Geförderteren im Christenthum immerzu und überall aus dem Munde solcher Halbchristen (der Welt in der Kirche) zu hören bekommen: „sie wollen beßer sein als die andern." Es ist also nicht erlaubt, sich mit seinen Bestrebungen im Guten und in der Gottseligkeit über das Maß der Gewöhnlichkeit zu erheben, es ist ein Vergehen an dem Corporationsgeist der Masse, an dem Gemeingeist, der mit souveräner Allgewalt die große Mehrzahl beherrscht, an der Macht der öffentlichen Meinung, die wieder von geheimen Mächten der Finsterniß regiert wird. D. Red.

An Freund N.

Du schreibst mir neulich, wie Du mit Verwunderung aber ganz zuverläßig gehört habest, daß wir hier in Dettelsau Feinde des rhythmischen Choralgesangs seien und nicht nur die alte Weise zu singen, sondern auch die abgeschmacktesten Zwischenspiele nach jeder Verszeile nicht allein brauchten, sondern beliebten und empfehlen sollten. Was man doch nicht alles zu hören bekommt. Das Wundern über solche Dinge haben wir freilich längst verlernt. Da geht es, wie man vor längerer Zeit in einer norddeutschen Zeitschrift gedruckt hat lesen können von einem Berichterstatter, einem Augen- und Ohrenzeugen, der aber läuten hat hören und nicht zusammenschlagen, daß Löhe „ein Feind aller Liturgie" sei. Du weißt wol selbst, was Du davon zu halten hast. Es scheint aber auch für andere nicht der Mühe werth zu sein, ein Wort darüber zu verlieren. Jeder flüchtige Besucher, wenn er nicht ganz unverständig ist, kann sich überzeugen, daß hier nicht bloß alle Gattungen geistlicher Musik, sondern namentlich der rhythmische Choral, mit Fleiß und Glück getrieben werden und in einer gewissen Blüthe stehen, so daß andere sich schon ein Muster daran nehmen können. Zu etwas mag aber die Antwort doch gut sein, nemlich zu einer Bemerkung über die Art und Weise, wie der rhythmische Gesang häufig ausgeführt wird, und daraus mag Deine Nachricht vielleicht ihren Ursprung ableiten. Wir sind gegen alles Ungeistliche auch in der Form, namentlich gegen den übereilten, gehudelten, gehackten, rohen und schreienden Vortrag der rhythmischen Choräle, wodurch sie einem weltlichen Geleier oft ähnlicher werden, als einem geistlichen Gesang. Die wenigsten verstehen die geistliche Frische mit einer wahrhaft geistlichen Ruhe und Würde zu vereinen. Dazu gehört eine feiernde Seele und der Hauch der Andacht, die sich bewußt ist, daß ihre Lieder Opfer des Dankes und der Anbetung sind, die sie dem gegenwärtigen Gott darbringt. Das rechte Lied, das aus dem gesunden und kräftigen Glauben geboren wird, schleppt sich allerdings nicht dahin wie die gähnende Langeweile, es hat eine große Manchfaltigkeit der Bewegung, es gibt auch einen Reigen der Stimmen und Töne, aber Hudelei und Sudelei, wie jede Rohheit, macht jede Andacht ersterben. Daher lieber zu langsam als zu schnell singen, zumal bei unserem Volk und seinem niedrigen Standpunkt. Mit dem wirst Du auch übereinstimmen, das weiß ich, und alle, die wahrhaft Erbauung suchen. Dein T.

Herausgeber:
Bauer, Inspektor der Miss.-Anstalt in Neuendettelsau.
C. Stirner, Pfarrer in Fürth.

Erscheint monatlich. — Preis jährlich 30 kr.

Druck und Verlag der C. H. Beck'schen Buchdruckerei in Nördlingen.

Correspondenzblatt der Gesellschaft für innere Mission nach dem Sinne der luth. Kirche.

Nro. 6. Juni 1861. **II. Jahrg.**

Eine dreifache Bitte an die Brüder.

Bei der letzten Gesellschaftsconferenz in Neuendettelsau den 29. Mai d. J. wurde von drei Seiten her die besondere Unterstützung der Gesellschaft in Anspruch genommen von lauter nahe stehenden Freunden und für lauter Zwecke, zu welchen die Gesellschaft gerne und mit Freuden die Hand zu reichen die Willigkeit hatte.

Fürs erste legte der zur Freude der Gesellschaft anwesende Pastor Meinel von Hamburg im Namen der mit uns durch Bande der Liebe besonders verbundenen und von uns schon früher unterstützten Zionsgemeinde die drängende Nothwendigkeit vor, für die Gemeinde ein eigenes Gebäude zum Kirchenlokale, zur Schule und zur Wohnung des Pastors zu kaufen, da sie bisher in einem gemietheten Lokale eines großen Hauses, das nach Hamburger Weise allerlei Bewohner birgt, Kirche halten mußte und in Folge dessen vieler und widerwärtiger Störung ausgesetzt war. Es schildert P. Meinel die Uebelstände in der Weise: „Unter uns, sagt er, wohnt ein Fechtmeister, über uns ist ein Tischler und Instrumentenmacher, dessen Gesellen am Sonntag arbeiten, dicht neben uns lehrt ein Tanzmeister die Jugend seine Sprünge machen — da vergeht einem die Andacht, ehe man in die Kirche kommt, da finden wunderliche Begegnungen statt, es gibt Aergernisse, und viele, die sonst unsere Gottesdienste besuchen würden, schreckt diese unwürdige Umgebung ab. Dazu kommt die theure Miethe 2c." Die Nothwendigkeit, hier eine Aenderung zu treffen, liegt vor jedermans Augen.

Fürs andere trug der Obmann der Gesellschaft eine Bitte des Pastors Theodor Frommüller, unseres Landsmanns und Freundes, für seine Gemeinde Camin vor. Dies ist eine der preußischen lutherischen Gemeinden, welche schon durch ihr Bestehen mitten in unierten Landen sich als Bekennerinnen und Glaubenszeugen ausweisen und die Theilnahme und Liebeserweisung aller Lutheraner in Anspruch nehmen. Die kleine Gemeinde, die aus circa 400 Seelen besteht, die meist arm und über Land und Waßer zerstreut sind, muß für ihr eigenes Pfarr- und Schulsystem sorgen; auf ihrem Kirchen- und Schullocale ruht eine große Schuldenlast, sie muß nicht bloß für 3000 Thlr. Zinsen schaffen, sondern für Pastor und Schule jährlich 300 Thlr. zahlen, außer den Accidenzien, Baufällen, Collecten 2c., die Glieder vom Lande müßen auch noch an die unirte Kirche Naturalabgaben leisten. Sie hat sich bisher im Glauben und Geduld mit ihrer Last bis zur Ermüdung geschleppt. Nun ist sie in neuer Noth, weil sie einen Theil des gekündigten Capitals nicht zu schaffen weiß. Sie bittet daher die Glaubensbrüder durch den Mund ihres Pastors, daß es ihr doch durch Unterstützung derselben möglich gemacht würde, einige Erleichterung in ihrer Schuldenlast zu bekommen, zumal sie beständig in Angst sein muß, daß ihr jeden Augenblick die andern Capitalien auch gekündet werden möchten.

Eine dritte Bitte wurde der Versammlung vorgetragen von dem uns gleichfalls sehr befreundeten Pastor Feldner in Elberfeld für die bis jetzt verwaiste Gemeinde Cöln, die mit unserer Hilfe gegründet und bisher unterhalten worden ist und deshalb schon besondere Theilnahme bei uns hat. Die Gemeinde hat nach der Abberufung des Pastors Ebert keinen eigenen Pfarrer, sondern wird von Elberfeld aus versehen, weil sie augenblicklich nicht im Stande war, dem Pastor das nothdürftigste Einkommen zu gewähren. Es ist nun ein geeigneter Plan entworfen, um der theuren Miethe für Kirche und Pfarrwohnung zu entgehen und dadurch die Gemeinde in den Stand zu setzen, ohne weitere Unterstützung künftig ihr Kirchenwesen zu bestreiten, ein Haus zur Kirche und Pfarrwohnung zu kaufen. Deshalb bedarf und erbittet die Gemeinde von ihren Brüdern auf neun Jahre eine jährliche Unterstützung von 345 Thlr., wodurch das Capital in genannter Zeit bis zur Hälfte abgetragen sein würde. Die Gemeinde hätte dann einen Ueberschuß in der Einnahme und würde auf Fundierung der Pfarrstelle etwas wenden können. Der Pfarrgehalt ist bis dahin durch die Hilfe der Brüder in Holland gesichert. Es erhellt, daß auch diese Bitte aller Unterstützung werth ist.

So bereitwillig die Gesellschaft gewesen wäre, für alle diese Zwecke Beiträge zu bewilligen, so hat sie noch so viele Verbindlichkeiten zu erfüllen und kann von ihren seit etlichen Jahren nicht unbedeutend geminderten Einnahmen nichts entbehren. Deshalb sah sich dieselbe zu ihrem Leidwesen außer Stande, von ihrer Seite etwas für die genannten Zwecke zu thun. Doch wurde der Beschluß gefaßt, daß der Gemeinde Hamburg die bei der Versammlung anfallende Collecte, die sich auf c. 60 fl. belief, zu Theil werden solle, und daß in unsern Blättern die dreifache Bitte unsern Brüdern vorgetragen und ans Herz gelegt werden sollte. Jeder, der sich getrieben fühlt und im Stande ist, ohne den andern Zwecken der Gesellschaft etwas zu entziehen, soll hiemit herzlich gebeten sein, unsern Brüdern Hilfe zu leisten und andere dazu aufzumuntern. Der HErr, der alles vermag, helfe auch unsern Brüdern, und so wie wir glauben, werden wir seine Herrlichkeit sehen.

Im Auftrag der Gesellschaft f. i. Mission:
G. Stirner, Pfr., Fr. Bauer, Insp.

Etwas zur Prüfung und zur Würdigung unserer allgemeinen, besonders kirchlichen Zustände.

(Schluß.)

3.

„Es ist der Streit eben eine Versuchung für uns. — Des endlichen Sieges sind wir unbedingt sicher; — inzwischen wird dieser Sieg erst nach manchen Wandelungen des Kampfes, also auch nach manchen äußeren Niederlagen eintreten.

Und zunächst erwarten wir solche Niederlagen; diejenige, welche sich am sichersten berechnen läßt, ist folgende. Die Regierung der Kirche liegt bei uns in der Hand der weltlichen Gewalt, und kirchliche Anordnungen erscheinen — vielen unbesehens und ohne weiteres — als obrigkeitliche Handlungen, welchen nicht zu gehorsamen, Revolution ist. Nun ist zwar die weltliche Gewalt heut zu Tage nicht in der Art mehr absolutistisch, wie der Landgraf Moritz von Hessen oder der sogenannte große Kurfürst von Brandenburg war, welche beide sich selbst als die einzigen Inhaber aller kirchlichen Weisheit mit unvergleichlicher Naivität proclamierten; indes rückt unverkennbar eine andere Art eben derselben Regierungsweise auch auf politischem Gebiete von Westen her näher und näher —: wenn auch nicht durch große Volksabstimmung die Regierung, und zwar die völlig unumschränkte, sich übertragen zu laßen, doch sich als wesentlichen Repräsentanten der Masse, der großen Majorität als solcher, anzusehen, und da man vorerst noch sich scheut, diese Regierungsweise auf politischem Gebiet zu entfalten, wird man sie „den Zeitverhältnissen Rechnung tragend“ wenigstens auf dem ungefährlichen kirchlichen Gebiet zur Geltung bringen. — Es wird das höchst populär sein. Es wird das überall „die neue Aera“ oder des etwas genannt werden. Da nun die „immense (unermeßliche) Mehrheit" der zur Kirche Gehörigen aus Anfängern im Glauben besteht, so ist dieser Elementarstandpunkt auch der einzige in der Kirche berechtigte, jeder andere höhere Standpunkt ist unberechtigt und kann als eine Verlezung des Rechts der Mehrheit nicht geduldet werden. Vertreten aber die bisher geltenden Bekenntnisse einen andern als jenen elementaren Standpunkt, so werden dieselben sammt den etwa dahin gehörigen alten Kirchenordnungen einfach außer Verbindlichkeit und Wirksamkeit gesezt. Und teils die Furcht, für Revolutionäre zu gelten, teils die Furcht vor dem Gespenst der Majorität, welches allerdings öffentliche und gesetzliche Auctorität erlangen wird, verschließt alsdann zuverläßig auch manchen von den Beßeren den Mund, lähmt ihnen die Hand, macht ihnen die Gedanken unsicher und das Herz matt. Meine man doch ja nicht, daß wir hiermit träumten — die Anfänge zu allen diesen Dingen liegen in mehr als einem deutschen Lande bereits in sehr handgreiflichen Thatsachen vor.

Wir bemerken, daß auf die Eventualitäten (Ereignisse) auch die Gemeinden oder die Kerne derselben zeitig und gründlich müßen vorbereitet werden, und daß wir (die Pfarrer) selbst uns zeitig über die Tragweite der weltlichen Gewalt in Beziehung auf die Regierung der Kirche, zumal der innern Angelegenheiten derselben*), klar werden müßen, woran es zur Zeit noch in hohem Grade auch vielen Beßern gebricht. — —

Nehmen wir einmal den immerhin möglichen, und wie die Weltlage dermalen beschaffen ist, nicht ganz unwahrscheinlichen Fall an, daß große politische Stürme, weitreichende Kriege oder Revolutionen oder beides zugleich — was recht wol möglich ist, sich erheben — und den Bestand der jezigen politischen Existenzen und Autoritäten in seinen Grundlagen erschüttern, ja wol gar auflösen. Was kann, was wird dann kommen? — Treten Revolutionen ein, so ist mit Bestimmtheit darauf zu rechnen, daß jene von uns ausgegangenen und ausgeschiedenen Massen, von denen wir anfangs redeten, in wilder Wuth gegen uns losstürzen, wahrscheinlich unter Anführung von Juden und Judengenoßen. Unter dieser Voraussezung haben wir uns zunächst auf ein blutiges Martyrium gefaßt zu halten. Aber der Kirche wird dieses Martyrium nur sehr heilsam sein. Es kann leicht kommen, daß sich das, was jezt Revolution der Massen und Communismus heißt, zum Herrn der Dinge macht und zwar vorerst nicht in der Gestalt des Cäsarismus (Kaisertums), in welcher Form diese Erscheinungen heute Herren der politischen Lage Europas sind (Napoleon). Es kann so kommen, daß aus der dermaligen Papiercultur eine allgemeine Barbarei, aus der dem Leben entfremdeten „Wißenschaft" eine allgemeine nur allzu praktische Unwißenheit, aus der heutigen Lüge der „Nationalitäten" eine allgemeine Menschenamalgamation (so zu sagen Menschenbrei) hervorgeht, daß eine völlige Auflösung aller politischen und socialen Organismen eintritt."

Was man auch urtheilen möge über solche Wahrscheinlichkeitsberechnung der nächsten Zukunft, selbst wenn man einer solchen geradezu abgeneigt wäre, eingedenk der menschlichen Kurzsichtigkeit und überzeugt von der Unmöglichkeit, die Wendung der Dinge, wie sie im Rath der Vorsehung beschloßen ist, vorauszubestimmen, so viel ist doch gewis: Einen tiefen Blik in die Zeit und in ihre Verhältnisse hat der Verfaßer getan und eine Gabe hat er vor andern, von gewissen Höhenpunkten aus die Zeit und ihre Bestrebungen überschauen zu laßen. Vieles, was gesagt ist, bezeugt sich dem Einsichtigen unmittelbar als handgreifliche Wahrheit, vieles fordert zur sorgfältigen Prüfung und Erwägung auf, im Ganzen und in den Grundzügen stimmt es mit dem überein, was Gottes Wort uns auch in sichere Aussicht stellt, und was das Beste ist, es schärft das Auge für die Zeitereignisse und ist ein kräftiger Ruf zur Wachsamkeit, eine Mahnung und Warnung vor der fleischlichen Sicherheit, die immer „das Beste hofft" und sich damit in süßem Schlummer wiegt gerade in der versuchlichsten und gefährlichsten Zeit. Wir haben allerdings Ursache das Schlimmste zu fürchten. Aber der Christ läßt kommen, was da will; er blickt um sich, aber vor allem über sich und schaut auf den HErrn, der sich auf den Thron der Majestät gesetzt hat, gläubig hoffend, darum auch ruhig, wißend, daß er alle seine Feinde zum Schemel seiner Füße legen und sein Reich in Glorie und Herrlichkeit aufrichten

*) Namentlich scheint uns noth zu thun, daß man sich aus der heil. Schrift über die Natur und Aufgabe des geistlichen Amtes, über die göttliche Einsezung des Hirtenamtes und die demselben übertragenen göttlichen und darum unveräußerlichen Rechte und Pflichten, sowie deren Umfang und Grenzen, einestheils gegenüber der Gemeinde, anderntheils gegenüber dem Kirchenregimente, zur Förderung aller Betheiligten und zur Vermeidung schädlicher Conflicte, völlig ins Klare sezt. D. R.

wird. Und das sei uns genug! Auf dem endlichen Sieg ruhe unser Auge aus in lebendiger Hoffnung, das wird uns Muth und Freudigkeit geben, alles, auch das Widerwärtigste zu tragen, was uns die Gegenwart oder die nächste Zukunft bringt.

Die Gastfreundschaft*) eines von den 7 Werken der Barmherzigkeit.

1.

Wenn in diesen Blättern dem genannten Gegenstand einiger Raum gewidmet wird, so braucht das wol keiner besonderen Rechtfertigung. Es ist ein Gegenstand, der allzeit seine Bedeutung gehabt hat in der Christenheit, dessen Behandlung aber gerade in unseren Tagen besonders an der Zeit sein möchte. Da die Gastfreundschaft von der Kirche je und je zu den 7 Werken der Barmherzigkeit gezählt wurde, so gehört sie besonders in den Bereich der Aufgabe der Gesellschaft für innere Mission, deren 4. Abteilung sich ja mit den Werken der Barmherzigkeit insonderheit abgibt. Fürs erste soll sie in ihrer hohen Bedeutung erscheinen, indem wir uns vergegenwärtigen, wie sie im Licht der hl. Schrift erscheint.

Daß die Gastfreundschaft bei allen Völkern, auch bei den heidnischen je und je in hohen Ehren gehalten wurde und für eine der herrlichsten Tugenden, Verletzung der Gastfreundschaft für einen der grösten Frevel galt, womit man die göttliche Rache herausforderte, ist allgemein bekannt. Aber verhältnismäßig weniger beachtet ist der große Nachdruck, welcher in der hl. Schrift, Alten und Neuen Testaments, auf die Uebung der Gastfreundschaft gelegt wird.

So sehr das Volk Israel angehalten wird, alles Fremde von sich ferne zu halten und keine Gemeinschaft mit den fremden heidnischen Völkern zu haben, damit es nicht von ihnen verunreinigt und zu ihrer Abgötterei verführt würde, so viel unvermeidliche Berührung mit den Fremden hat es doch gegeben, so viel Fremde haben sich doch im Lande Israel aufgehalten, und auf diese ist in der mosaischen Gesetzgebung die schonendste Rücksicht genommen, gegen diese ist Liebe und Barmherzigkeit gepredigt. Der „Fremdling“ ist der Nichtisraelite, der Heide, der sich unter den Israeliten aufhält, er mochte frei oder leibeigen sein, selbständig und ansäßig oder bloßer Mietharbeiter. Dieser Aufenthalt war dem Fremden gestattet nach dem Gesetze, nur durfte er nichts vornehmen, was dem HErrn und seinem Volk ein Gräuel war. Er durfte an dem Sabbath keine Arbeit thun 2. Mos. 20, 10, kein Blut essen 3 Mos. 17, 10, sich keiner unnatürlichen Wollustsünden schuldig machen, 3 Mos. 18, 26; seine Kinder dem Moloch nicht opfern 3 Mos. 20, 2, überhaupt keine Abgötterei treiben, Ezech. 14, 7, den Namen des HErrn nicht lästern, 3 Mos. 24, 16. Unter gewissen Einschränkungen wurden Fremde dem Volke Israel auch einverleibt, wenn sie sich beschneiden ließen, und erhielten das israelitische Bürgerrecht. 5 Mos. 3, 7 und 8. Zu Salomos Zeiten lebten 153600 Fremde in Palästina 2 Chron. 2, 17 und 18.

So verschiedenartig die Fremdlinge auch sein mögen, eines haben sie mit einander gemein, daß sie, weil sie in der Fremde sind, zu der Klasse der Schutz- und Hilflosen (personae miserabiles) gehören und das Gastrecht, das im Morgenland besonders heilig ist, in Anspruch nehmen. Deshalb stehen sie beständig zusammen mit den Wittwen und Waisen (5 Mos. 24, 17; 27, 19; Jer. 7, 6) und mit den Armen (3 Mos. 19, 10).

Sie sind daher Gegenstand des Mitleids und der Barmherzigkeit, der Israelite soll an ihnen lernen das allgemein Menschliche achten und Humanität üben. Gott der Herr hat ihrethalben besondere Gesetze gegeben. Er gebietet Schonung; „die Fremdlinge sollst du nicht schinden, noch unterdrücken“ 2 Mos. 22, 21; 23, 9. Sie haben gewisse Vorrechte der Armen, den Mitgenuß der Fest- und Zehentmahlzeiten 5 Mos. 14, 29; 16, 10, 11 und 14; die Nachlese bei der Getraide- und Weinernte, 3 Mos. 19, 9 u. 10; Mitgenuß der Ernte im Jubeljahr, 3 Mos. 25, 6. Die Fremden haben vor Gericht gleiches Recht mit den Eingebornen, 2 Mos. 12, 49; 4 Mos. 15, 15. Es wird der Fluch dem gesprochen, der das Recht des Fremdlings beugt, 5 Mos. 28, 19.

(Schluß folgt.)

*) Erinnerungen aus einer gehörten Predigt mit einigen freien Zusätzen und Ausführungen.

Herausgeber:

Bauer, Inspektor der Miss. Anstalt in Neuendettelsau.

C. Stirner, Pfarrer in Fürth.

Erscheint monatlich. — Preis jährlich 30 kr.

Druck und Verlag der C. H. Beck'schen Buchdruckerei in Nördlingen.

Correspondenzblatt

der

für

Gesellschaft innere Mission

nach dem Sinne der luth. Kirche.

Nro. 7. Juli 1861. **II. Jahrg.**

Inhalt: Die Gastfreundschaft, eines von den sieben Werken der Barmherzigkeit.

Die Gastfreundschaft eines von den 7 Werken der Barmherzigkeit.

(Schluß.)

Er selbst, der HErr, erklärt sich für der Fremdlinge Schutzherrn und Patron vor andern: der Herr behütet Fremdlinge und Waisen (Ps. 146, 9). Es ist nach der Hauptstelle über diesen Gegenstand 5 Mos. 10, 17—19 ein Kennzeichen des rechten Gottes, des Gottes Israel, der „ein Gott ist aller Götter und Herr über alle Herren, ein großer Gott, mächtig und schrecklich," daß er Recht schaffet den Waisen und Wittwen und hat die **Fremdlinge lieb**, daß er ihnen Speise und Kleider gebe" v. 17. u. 18. Die höchste Majestät ist ein Liebhaber der Verlaßensten und Aermsten und hat ein volles Herz für sie. Und dasselbe will er auch von seinem Volke Israel haben, daß es nach seinem höchst eigenen Vorgange ein Herz für die Fremdlinge habe: „Darum sollt **ihr auch die Fremdlinge lieben.**" Und begründet die Forderung weiter durch Hinweisung auf ihren eigenen Fremdlingsstand und auf die Erfahrung ihrer Väter, die das Elend der Fremde und das Heimweh reichlich erfahren haben, weshalb sie desto mehr Mitleid mit den Fremden haben können: „denn ihr seid auch Fremdlinge gewesen in Egyptenland" v. 19.

Im weiteren, übertragenen Sinn nennt Gott sein Volk selbst im gelobten Lande Fremdlinge und Gäste, weil das Land nicht ihr Eigentum ist, sondern des HErrn, der sie nur aus Güte darinnen wohnen läßt. 3 Mos. 25, 23 heißt es: „Darum sollt ihr das Land nicht verkaufen ewiglich, denn das Land ist mein; und ihr seid Gäste und Fremdlinge **vor mir.**" So lernt das Volk, daß es überhaupt auf Erden keine Heimat hat und daß sein ganzes Erdenleben ein Fremdlings- und Pilgrimsstand ist. Was vom heiligen Lande gilt, gilt von der ganzen Erde. Der Mensch hat kein Recht auf sie, er bleibt, so lange Gott es vergönnt. Deshalb betet David 1 Chron. 30, 15: „Wir sind Fremdlinge und Gäste vor dir, wie unsere Väter alle. Unser Leben auf Erden ist ein Schatten und ist kein Aufhalten." Und Psalm 39, 13: „Ich bin beides dein Pilgrim und dein Bürger (Beisaße, nicht Vollbürger), wie alle meine Väter." Desgleichen Psalm 119, 19 heißt es: „Ich bin ein Gast auf Erden."

Im neuen Testament will Christus der Herr selbst als Gast und Fremdling angesehen werden:

„Ich bin ein Gast gewesen, und ihr habt mich *beherberget*. Matth. 25, 35, vgl. v. 43. Er ist auf Erden ein Gast gewesen. In Nazareth ist er empfangen und ist hier nicht daheim, sondern in Bethlehem. Von Nazareth trägt ihn die gebenedeite Mutter unter ihrem Herzen nach Bethlehem, und auch dort ist er ein Fremdling gewesen, er fand keine Behausung, sondern muste im Stalle bleiben. Von Bethlehem muste er fliehen und in Egypten als ein Fremdling leben, bis die Zeit um war. Sein ganzes Leben ist er auf Reisen, er hat nirgends eine Heimat, eine Bleibstätte, er hat nicht, „wo er sein Haupt hinlegt", sein Leben in der Niedrigkeit ist eine Fremdlingschaft, ein Pilgerleben. Damit ist die Fremdlingschaft geehrt und geheiligt. Das allein ist Antrieb genug, die Fremdlinge zu lieben.

Aber es ist das nicht genug. Vor seiner Menschwerdung schon, als Abraham vor seiner Hütte saß, kam der Hochgelobte mit seinen Engeln und kehrte bei ihm ein als ein Gast, und Abraham hat Ihn beherbergt und seine Engel. Was kann es für ein lockenderes und ermunternderes Beispiel zur Uebung der Gastfreundschaft geben? Und wie er während seiner Erdenwallfahrt gethan, so thut er noch. Auch im Stand der Erhöhung und Verherrlichung kann er der Fremdlingschaft nicht vergessen. Als ein „Fremdling" wandelt er nach seiner Auferstehung mit seinen beiden Jüngern nach Emmaus, als Gast kehrt er auf ihr dringendes Bitten bei ihnen ein im Flecken, ißt und trinkt und betet mit ihnen, bis ihre Augen geöffnet werden und sie ihn am Brotbrechen erkennen. Noch immerdar kehrt er bei uns ein und will Wohnung bei uns machen nach seiner Auffahrt Joh. 14, 23. Was anders ist es als Fremdlingsgestalt, wenn er seiner Kirche und der einzelnen Seele erscheint und ihr zuruft: „Siehe ich stehe vor der Thüre und klopfe an. So Jemand meine Stimme hören wird und die Thür aufthun, zu dem werde ich eingehen und das Abendmahl mit ihm halten und er mit mir." Und wenn er wiederkommt zum Gericht, wird er Rechenschaft fordern darüber, wie man an ihm die Gastfreundschaft geübt, und wird zu aller Verwunderung kund thun, daß er selbst in *allen Fremdlingen* an die Thüren geklopft und Aufnahme begehrt habe, ganz einfach, weil er die *Fremdlinge zu seinen Stellvertretern* gemacht hat. Wer einen hilfesuchenden und hilfsbedürftigen Fremdling von der Thüre weißt, hat Ihn abgewiesen; wer denselben aufnimmt, hat Ihn aufgenommen und wird von ihm so angesehen und behandelt, als wenn er ihm persönlich gedient hätte. Wahrlich es ist ein großer Ernst um die Behandlung des Fremden, um die Gastfreundschaft.

2.

Als der HErr seine *Jünger* aussendete, sendete er sie *als Fremdlinge*. Er gibt ihnen nichts mit, sie brauchen keine Ausstattung, die Welt ist schuldig, sie *gastlich aufzunehmen* und ihnen *zu dienen* zum Dank für die Botschaft des Evangeliums, die sie bringen. Sie sind *überall zu Hause*, eben weil sie Fremdlinge sind. Matth. 10, 3 ff. sagt er: „Umsonst habt ihrs empfangen, umsonst gebt es auch. Ihr sollt nicht Gold, noch Silber, noch Erz in euern Gürteln haben, auch keine Tasche zur Wegfahrt, auch nicht zween Röcke, keine Schuhe, auch keinen Stecken. Denn ein Arbeiter ist seiner Speise werth. Wo ihr aber in eine Stadt oder Markt eingehet, da erkundiget euch, ob jemand drinnen sei, der es werth ist; und bei *demselben bleibet, bis ihr von dannen ziehet*. Wo ihr aber in ein Haus gehet, so grüßet dasselbe, und so es dasselbige Haus werth ist, wird euer Friede auf sie kommen. Ist es aber nicht werth, so wird sich euer Friede wieder zu euch wenden; und wo euch *jemand nicht annehmen wird* noch eure Rede hören, so gehet heraus von demselbigen Haus oder Stadt und schüttelt den Staub von euren Füßen. Wahrlich ich sage euch: *Dem Lande der Sodomer und Gomorrer wird es träglicher ergehen am jüngsten Gericht, denn solcher Stadt.*"

Christus ist ein Fremdling, seine Jünger und Apostel, die er mit einem Specialbefehl aussendet, sind Fremdlinge, *alle Christen* sind Fremdlinge. St. Petrus schreibt im 1. Brief „den *erwählten Fremdlingen* hin und her (in der Diaspora), in Ponto, Galatia, Cappadocia, Asia und Bithynia" (1, 1), und 2, 11 schreibt er: „Lieben Brüder, ich ermahne euch als die *Fremdlinge und Pilgrime*." Alle Heiligen Gottes haben sich so angesehen wie Abraham, der „durch den Glauben ein Fremdling gewesen in dem verheißenen Lande als in einem fremden und wohnete in *Hütten* —, denn er wartete auf eine *Stadt*, die einen Grund hat, deren Baumeister und Schöpfer Gott ist," Hebr. 11, 9 und 10; und v. 11 ff. heißt es: „diese alle sind gestorben im Glauben und haben die Verheißung nicht empfangen, sondern sie von ferne gesehen und sich des vertröstet und wol begnügen laßen und bekannt, daß sie Gäste und Fremdlinge auf Erden sind. Denn die solches sagen, die geben zu verstehen, daß sie ein Vaterland suchen. Und zwar, wo sie das gemeint hätten, von welchem sie ausgezogen waren, hatten sie ja Zeit wieder umzukehren. Nun aber begehren sie eines beßeren, nämlich eines himmlischen. Darum schämet sich Gott ihrer nicht, zu heißen ihr Gott. Denn er hat ihnen eine Stadt zubereitet." Da sehen wir, warum wir Pilgrime und Fremdlinge sind und als solche wandeln sollen, weil wir unsere Heimat und Bleibstätte nicht hier, sondern dort, jenseits im Himmel zu suchen haben. Auch in der Heimat sind wir in der Fremde. Wer eine andere Heimat sucht, ist allezeit ein Fremdling und verliert das Heimweh nie. Weil wir nun selbst Fremdlinge sind, wie unser Herr Jesus und alle unsere Väter, so ist das ein Grund mehr, die Fremdlinge zu lieben und ihnen Liebe und Barmherzigkeit zu erweisen.

Wir haben dafür auch ausdrückliche apostolische Gebote. Tit. 1, 8 ermahnt St. Paulus die Bischöfe, „gastfrei" (eigentlich „fremdeliebend") zu sein. Damit ist zugleich angedeutet, daß die Gastfreundschaft eine Frucht des Geistes sei, daß sie in herzlicher, williger und freudiger Weise geübt werden, nicht eine dem Dornstrauch abgenöthigte Frucht sein soll. Wer die Eigenschaft nicht hat, soll nicht Pfarrer sein. Desgleichen will der Apostel zu dem geistlichen Amt, welches dem weiblichen Geschlechte zusteht, zum Diakonissenamte, keine Wittwe gewählt haben, die nicht „gastfrei" war, die nicht „Fremden gedient" hat, die nicht „den Heiligen die Füße gewaschen hat." Wer als Hausfrau geizig war oder die Fremden mit Murren und Unzufriedenheit aufgenommen hat, taugt nicht zur Diakonissin.

1 Petr. 4, 9 ermahnt der Apostel alle Christen ohne Unterschied: „seid gastfrei unter einander ohne Murmeln". Röm. 12, 13: „Herberget gerne", eigentlich „macht die Gastfreundschaft zu einer Sache, der ihr nachjagt, zu einem Gegenstande eifriger Bemühung". Hebr. 13, 2,: „Gastfrei zu sein, vergeßet nicht, denn durch dasselbe haben etliche ohne ihr Wißen Engel beherbergt." Der Mensch ist vergeßlich im Guten, ermüdet leicht, darum bedarf er stets der Ermunterung. Darum den neuen Beweggrund, was die Gastfreundschaft oft für Ehre und Gewinn bringt, ohne daß es der Herbergende weiß. Man kann Engel, ja den HErrn selbst unwißend beherbergen, aber auch von der Thüre weisen.

Damit ist ein reichlicher und überflüßiger Beweis geliefert aus der Schrift, daß man die „Fremdlinge lieben" soll, und daß es jedes Christen heilige Pflicht ist, den Fremdlingen auf alle Weise zu dienen.

3.

Das haben auch die Christen je und je anerkannt. Das hat die Kirche auch immer gethan, auch in den schlechtesten Zeiten war die Fremdenliebe ihr heilig. So finden wir es in den Denkmälern der ersten christlichen Zeit. Der 3. Brief Johannis ist an einen Presbyter Gajus gerichtet, dieser wird von dem Apostel belobt, weil er die Gäste so schön aufnehme, v. 5. „Mein Lieber, du thust treulich, was du thust an den Brüdern und Gästen." Im Briefe an den Philemon kündigt sich der Apostel Paulus bei Philemon als Gast an, und die Art, wie ers thut, wirft ein Licht darauf, wie hoch in seinen Augen die Gastfreundschaft stand und wie hoch sie von andern angesehen wurde und angesehen werden sollte, zumal wenn ein hoher Apostel mit seiner Segensfülle in ein Haus einkehrte, denn den Segen der Gemeinschaft hat er im Auge, wenn er schreibt: „daneben bereite mir die Herberge; denn ich hoffe, daß ich durch euer Gebet euch geschenket werde." Hier ist der warme Ausdruck brüderlicher Liebe, die sich zu den Brüdern ebenso gezogen fühlt, als von ihnen gezogen wird.

Unter allen wolthätigen Anstalten ist das älteste das Hospital. Die Krankenhäuser haben ihren Namen von hospes, Gastfreund. An die Anstalten, die dazu bestimmt waren, den Fremdling aufzunehmen, die Xenodochien, haben sich alle andern Zwecke der Barmherzigkeit angeschloßen. Die Fremden brachten allerlei mit, nicht bloß Hunger und Durst, sondern auch Noth und Krankheit. Die Hospitäler beweisen, daß die Kirche die Fremdlinge geliebt hat, und daß der Herr der Kirche allezeit den Seinen seinen Sinn und Geist gegeben hat.

Will man noch die Frage aufwerfen, wer unter den Gästen und Fremdlingen, an welchen der Christ Gastfreundschaft zu üben hat, zu verstehen sei, so lautet die Antwort, wie auf die Frage: wer ist mein Nächster?: Wer deiner Hilfe bedarf. Wenn aber der Apostel schreibt „seid gastfrei unter einander", so will er die Gastfreundschaft zu-

nächst an den Christen, an den Glaubensgenoßen, an denen, die in der gemeinsamen Liebe Christi stehen, geübt haben. *Da soll einer dem andern die Heimat ersetzen.* Dem Fremden zu dienen soll keiner für Zeitverlust und eine Last ansehen. Jedermann muß die Gastfreundschaft in Anspruch nehmen können, besonders aber die Heiligen unter einander. Es war aber im Altertum gesorgt, den Misbrauch zu verhüten und vor Täuschung und Betrug sicher zu stellen. Da gab es *Beglaubigungsschreiben*, ohne welche kein Christ reiste, ohne welche er auch nicht aufgenommen wurde. In der ersten Kirche war die Fremdenliebe *organisiert*. Bei uns ist das nicht, bei uns ist alles anders. Im Altertum gab es keine Gasthäuser in unserm Sinn. Doch bleibt die Verpflichtung zur Gastfreundschaft, wie es eben unsern Verhältnissen angemeßen ist. Es besteht dieselbe auch keineswegs bloß in Gewährung von Herberge, Speise und Trank, das ist nicht immer möglich unter unseren Verhältnissen, nicht immer nothwendig, nicht begehrt, wo dem christlichen Fremden der zarte Sinn einwohnt, der merkt und spürt, wie weit die Gastfreundschaft in Anspruch genommen werden dürfe; denn es hat alles seine Gränzen, auch die Gastfreundschaft. Je mehr sie aber *nach Kräften und den Umständen gemäß mit voller Liebe* geübt wird, desto reichlicher wird sie Gelegenheit finden, sich in aller Weise zu erzeigen, und in so fern hat sie keine Gränzen, auch nicht was die Person, den Stand, Beruf 2c. betrifft. Denn der Herr will nicht bloß, daß man seine Heiligen aufnimmt, sondern daß man es mache, wie der *Samariter*. Man muß den Fremden ansehen als einen, den Gott der Herr mit Liebe und Güte behandelt wißen will. Nicht der Aufwand von Geld und Zeit 2c., nicht die Größe des geleisteten Dienstes ist es, was dem Fremdling die Fremde versüßt und der Gastfreundschaft den Werth verleiht, sondern die *holdselige Freundlichkeit der Liebe*, die aus den Augen, aus den Worten, aus dem ganzen Benehmen spricht.

Darum kommt es nicht darauf an, daß man Gastfreundschaft übt, sondern daß man sie in der *rechten Weise* und in der *rechten Gesinnung* übt. Darum ermahnt auch St. Petrus im ersten Brief c. 4, 9: Seid gastfrei unter einander *ohne Murmeln*. Wenn der Gast kommt und man begrüßt ihn freundlich, kann aber die Verlegenheit und die Unzufriedenheit doch nicht bergen, draußen murrt man, wie ungelegen der Gast komme, so daß es der Gast an der ganzen Stimmung merken kann — das nimmt der Uebung der Gastfreundschaft allen Werth und der sonst so reizenden Tugend alle Anmuth und Lieblichkeit, auch alle Anerkennung, alles Wolgefallen von Seite des Herrn. Mit aller seiner Mühe und Plage bringt man nichts davon, wenn die Gastfreundschaft nur eine abgedrungene Frucht ist. Darum soll der Christ lernen in solchen Fällen alle Anwandelungen von Unzufriedenheit, wenn sie ihm kommen, alsogleich tödten, und sich mit selbstverläugnender Liebe im Aufblicke auf den leutseligen und freundlichen Menschenfreund, den Herrn Jesum, dem Dienste der Liebe widmen. Gott gebe uns allen solche Fremdlinge und Seinen Geist und Seine Weisheit, überall das Rechte zu treffen!

Bücher.

Altes und Neues.*)

Auberlen, die biblische Lehre vom Reiche Gottes in ihrer Bedeutung für die Gegenwart. Ein Vortrag gehalten zu Barmen. 1859. Basel bei Detloff.

Die kleine Schrift ist für Leser interessant, welche die Lehre vom 1000jährigen Reich in ihrem geschichtlichen Zusammenhang mit der ganzen Entwicklung des Reiches Gottes und in ihrer praktischen Bedeutung kennen lernen wollen. Sie ist werth gelesen zu werden und hat viel Anregendes, eignet sich auch wol gut zu Besprechungen auf Pfarrconferenzen. Man kann freilich daran auch sehen, daß es in dieser Sache noch viel zu bereinigen gibt, und daß große und wichtige Fragen noch nicht zur Genüge beantwortet sind.

*) Es gilt hie und da einen Raum auszufüllen bei unserem kleinen Blatte, der soll jetzt wie früher zu kurzen Fingerzeigen und Notizen, betreffend gute und interessante Schriften, alte und neue, benützt werden, um einem und dem andern Leser damit zu dienen. Es soll aber nichts weniger als eine Recensionsanstalt sein, weshalb wir uns mit Zusendungen von Büchern zu dem Zweck zu verschonen bitten.

Die Red.

Herausgeber:

Bauer, Inspektor der Miss.-Anstalt in Neuendettelsau.

C. Stirner, Pfarrer in Fürth.

Erscheint monatlich. — Preis jährlich 30 kr.

Druck und Verlag der C. H. Beck'schen Buchdruckerei in Nördlingen.

Correspondenzblatt der Gesellschaft für innere Mission nach dem Sinne der luth. Kirche.

Nro. 8. August 1861. II. Jahrg.

Noch ein Wort über die Heirathen in verbotenem Verwandtschaftsgrade, namentlich die Schwägerschaft betreffend. *)

Es ist dieses Gegenstandes schon einmal in diesen Blättern Erwähnung geschehen, aber die tägliche Erfahrung lehrt, daß über diesen Gegenstand nicht allein im Volke eine totale Unwißenheit herscht, sondern daß auch bei den Hirten der Gemeinden und den Wächtern des Gesetzes in Israel in diesem Stücke vielmals das rechte Licht und Verständnis, also auch der rechte Rath, und der Eifer für die Ehre des göttlichen Gesetzes und die Wolfahrt des armen Volkes fehlt. Die Zerstörung, welche der Unglaube und der Rationalismus auch auf diesem Gebiete angerichtet hat, ist groß und allgemein. Die Anschauungen und Grundsäze, die er verbreitet hat, sind noch bis zur Stunde die herschenden, unangefochtenen. Darum ist kein Wunder, daß eine arme Christenseele wie aus den Wolken gefallen ist und in große Anfechtung fällt, wenn sie etwa unversehens und in aller Unschuld in eine solche Verbindung hineingegangen ist und vielleicht gerade noch zur rechten Zeit hört, daß ihrem Vorhaben ein göttliches Verbot mit schwerer Strafandrohung entgegenstehe. Da gibts Noth und Verlegenheit und Versuchung aller Art. Und ist nun so ein armes Gewißen gefangen in Gottes Wort, so hat es nicht allein mit andersgesinnten Verwandten, die ihr zeitliches Interesse höher anschlagen, als Gottes Wort, sondern leider manchmal auch mit geistlichen Rathgebern zu thun, die im Sinne der Verwandten rathen und alle solche Bedenken als falsche Gewißensscrupeln niederschlagen, die durch unverständige Eiferer erweckt seien. Da werden alle möglichen Gegengründe aus der heiligen Schrift selbst gesucht, um sich der lästigen Schranke ohne Gewißensunruhe überheben zu können.

Zu Nuz und Frommen solcher armen Seelen, und um in dieses unbekannte und unbeachtete, aber höchst wichtige Revier des sittlichen Lebens wieder einiges Licht zu bringen und unser christliches Volk sammt den Hirten auf diesen Gegenstand aufmerksam zu machen, sollen die nachfolgenden Zeilen geschrieben sein. Gott gebe, daß sie nicht bloß

*) Vgl. Corresp.Bl. 1861 Nr. 2 die verderbliche Praxis in Ehesachen. Ein Krebsschaden der luth. Kirche.

auf das Wißen, sondern auf das Gewißen wirken, und daß der vielen Greuel, die unter uns ungestraft im Schwange gehen, weniger werden.

Wir wollen die Einwürfe, die gegen die biblischen Bestimmungen, betreffend die verbotenen Verwandtschaftsgrade geltend gemacht werden, namentlich gegen einen Theil derselben, zum Faden machen, an dem wir die Sache sich abwickeln laßen.

Der Widerspruch und Widerstand erhebt sich aber begreiflicher Weise nur gegen diejenigen Eheverbote, welche die weltliche Gesetzgebung bei uns, namentlich das preußische Landrecht, nicht als Ehehindernisse anerkennt, denn die andern kommen nicht in Frage. Viele weltliche Gesetze, namentlich das genannte, sehen aber heut zu Tage nur die Blutsverwandtschaft, also das Verhältnis zwischen Eltern und Kindern oder Geschwistern 2c., als eigentliches Ehehindernis an, nicht aber mit der heiligen Schrift das Verwandtschaftsverhältnis der Verschwägerung, wenn sie auch Bestimmungen haben, welche die Ehen zwischen Verschwägerten und sonst entfernteren Verwandtschaftsgraden zu erschweren suchen, was der Sinn der einzuholenden Dispensationen ist. Es ist also bei uns gäng und gäbe, vom weltlichen Gericht ausdrücklich erlaubt, von geistlicher Seite nicht weiter beanstandet, wenn die vorgeschriebene Dispensation eingeholt ist, was die heilige Schrift eben so unstatthaft und verabscheuenswerth findet, als die Heirathen ins Blut: daß ein Bruder die Frau seines verstorbenen Bruders heirathet. 3 Mos. 18, 16. 20, 21.

Dagegen wendet man ein: „Diese Bestimmungen seien ein Theil der Ehegesetzgebung, also des bürgerlichen Gesetzes bei den Juden, und das sei für uns Christen durch den HErrn Christus sammt dem Ceremonialgesetz aufgehoben und nicht mehr gewißensverbindlich“. So richtig die Bemerkung ist, daß diese Bestimmungen eine rechtliche Seite haben und ins bürgerliche Leben eingreifen, so ist man mit ihnen nicht so leichten Kaufes fertig, daß man sie als nicht mehr für uns verbindlich mit einem Federstrich tilgen könnte. Denn wenn der Grund etwas gelten sollte, so müste nachzuweisen sein, daß diese Bestimmungen der Art wären, daß sie nur und ausschließlich auf gewisse Zeiten und Verhältnisse, also auf die Juden des Alten Testamentes paßten und also von Gott selbst nur zur zeitweisen Darnachachtung gegeben wären, wie das bei so manchen Vorschriften rechtlicher und polizeilicher Art und bei ceremoniellen der Fall ist. Nun findet aber hier gerade das Gegentheil statt. Alle diese Bestimmungen haben etwas allgemein Menschliches, für alle Zeiten und Völker Anwendbares und entsprechen einem allgemeinen Bedürfnis. Was das Gewißen und das natürliche Gefühl dem Heiden an die Hand gegeben hat, wenn auch nicht ohne manchfache Verirrung, das spricht das göttliche Gesetz in positiven Geboten mit klaren und bestimmten Worten aus. Bei den Egyptern war es allerdings nicht bloß erlaubt, sondern sogar Sitte, die leibliche Schwester zu heirathen. Aber das Gesetz der Römer übt eine Strenge, welche fast ganz mit den Angaben des Alten Testaments übereinstimmt. Das wißen und thun die Heiden (Röm. 2, 14), die doch sonst in unnatürlichen Wollustsünden versunken sind (Röm. 1, 26 ff.). Die Griechen haben bei ihren kunstreichen Tragödien die erschütterndsten Wirkungen dadurch hervorgebracht, daß sie blutsverwandte Personen ohne ihr Wißen in das Verhältnis bräutlicher und ehelicher Liebe versezten. Oedipus heirathet durch ein grauenvolles Verhängnis seine Mutter, und bringt Fluch und Verderben über sein Volk und seine Familie. Thyestes, weil er seines Bruders Gemahlin verführt, bekommt seine eigenen Söhne als Speise vorgesezt und heirathet unwißend seine Tochter. Diese tragischen Geschichten und ihre Behandlung zeigen, wie tief die Unnatur solcher Verbindungen von den Heiden gefühlt worden war, und wie tiefen sittlichen Abschen sie dagegen hatten. Der Apostel Paulus beruft sich bei der blutschänderischen Verbindung in Corinth auf die Heiden: „davon auch die Heiden nichts zu sagen wißen“. 1 Cor. 5, 1. Die Muhamedaner, die doch die Vielweiberei gestatten, haben die mosaischen Bestimmungen über die Verwandtschaftsgrade alle in ihren Koran aufgenommen. Alle neueren bayerischen Gesetzgebungen haben dieselben zu Grunde gelegt. Sie haben je und je als ein Meisterstück gesetzgeberischer Weisheit gegolten. Wenn sich nun diese Gebote so an aller Menschen Gewißen erweisen, sollten dieselben nichts weiter als ein Stück veralteten jüdischen Rechts sein? Nein wir haben hier ein zur Auslegung des sechsten Gebots gehöriges, in die Natur gepflanztes und von den Heiden anerkanntes, durch Gottes Wort geheiligtes und näher bestimmtes sittliches Grundgesetz, welches uns in verschiedenen einzelnen Bestimmungen eine unverbrüchliche göttliche Lebensordnung für alle Menschen und für alle Zeiten verkündigt, also auch für uns Christen, so gut wie die zehn Gebote, gewißensverbindend ist und bleibt — und uns noch dazu mit Androhung schwerer göttlicher Strafen besonders eingeschärft wird.

Sollte ja noch ein Zweifel bleiben, so haben wir im Neuen Testamente die volle Anerkennung dieser Ehehindernisse durch St. Paulum in der angeführten Stelle 1 Cor. 5, 1 ff., und St. Johannes der Täufer, der auf der Schwelle der neutestamentlichen Zeit steht, predigt unter offenbarem Beifall der Evangelisten und des HErrn selbst dem Herodes, der seines Bruders Antipas Weib hat: „es ist nicht recht, daß du sie habest", und findet es der Mühe werth, um dieses göttliche Gebot und sein Ansehen aufrecht zu erhalten, sein Haupt sich vom Rumpfe trennen zu laßen und die ewige Gültigkeit der sittlichen und göttlichen Weltordnung mit seinem Blute zu besiegeln. Wie kann man Angesichts solcher Tatsachen noch wagen zu sagen: das geht uns Christen nichts mehr an? Da müßen wol die Heiden aufstehen und wider uns zeugen und ein neuer Johannes der Täufer die Wahrheit göttlicher Aussprüche mit seinem Blute bekräftigen! Man sagt zwar, Herodes habe seines Bruders Weib bei dessen Lebzeiten gehabt und Johannes strafe nur das ehebrecherische Verhältnis. So richtig es ist, daß die Sünde ein Ehebruch war, so wenig kann doch gefolgert werden, daß Johannes nur das Ehebrecherische an dieser Verbindung und nicht auch das Blutschänderische strafte, das um so mehr Strafe verdiente, als „des Bruders Weib haben" nach dem Gesetz an sich dem Herrn ein Greuel ist, geschweige wenn es sich mit andern Verbrechen verbindet. Also dient das Exempel in jedem Fall zur Bestätigung, nicht zur Beseitigung der mosaischen Ehegesetze 3 Mos. 18.

Ein weiterer Einwand gegen die Unzuläßigkeit der Ehe mit des verstorbenen Bruders Frau ist der, daß man sagt: die jetzt geltende Ehegesetzgebung und kirchliche Praxis kennen als absolute Ehehindernisse nur verbotene Grade in der allernächsten Blutsfreundschaft auf- und absteigender Linie, zwischen Eltern und Kindern, und in der gleichen Seitenlinie zwischen Geschwistern. Alle andern Verwandtschaftsgrade, also auch die Schwägerschaft bilden kein absolutes Ehehindernis. Also sei doch bei uns thatsächlich das mosaische Gesetz rücksichtlich der Verwandtschaft nicht mehr in seinem ganzen Umfang giltig. Und man könne doch nicht annehmen, daß so viele fromme, ehrenwerthe und einsichtsvolle Geistliche, wie sie unser Land besitze, sich mit einem solchen Zustand beruhigen würden, der wider das ausdrückliche göttliche Wort verstoße. Könne da der unkundige Laie anders handeln, als er eben durch die bestehenden Ordnungen zu handeln gewiesen ist? Könne man von ihm verlangen, daß er strengere Grundsätze geltend mache, als die Geistlichkeit des Landes?

Wahr ist es allerdings, daß die übliche Praxis bei uns von der biblischen Vorschrift weit abweicht. Was das in einem großen Theile von Bayern herschende preußische Landrecht festsetzt, findet der Leser in dem obenerwähnten Aufsaz (Corresp.Bl. 1861 Nr. 2 pag. 8) und läßt sich im Wesentlichen in die eben angeführten Grundsätze zusammenfaßen. Andere weltliche Gesetzgebungen mögen noch etwas strenger sein und den biblischen Bestimmungen näher kommen; im Wesentlichen werden sie alle ziemlich gleich sein in der laxen Behandlung dieser Sache. Die Kirche hat in ihrer Praxis nur noch einen sehr geringen Rest von dem Ernst, mit dem die alten lutherischen Kirchenordnungen diesen wichtigen Gegenstand behandelten. Durch die Verschmelzung der Kirche mit dem Staate ist die Behandlung der Ehesachen je länger je mehr aus den Händen der kirchlichen Organe in die Hände der weltlichen Gesetzgeber und Richter übergegangen, wie das namentlich in unserem Lande der Fall ist. Es ist also kein Wunder, wenn die gesezlichen Bestimmungen rücksichtlich der Ehe, ihrer Schließung und Scheidung mehr dem herschenden Zeitgeist, als dem göttlichen Wort und der älteren kirchlichen Praxis entsprechen, ja im schneidenden Widerspruch mit beiden stehen. Wir haben zwar noch ältere lutherische Kirchenordnungen, die in einzelnen Landstrichen noch giltige Kraft haben, wie die brandenburgische Kirchenordnung in den ehemaligen markgräflichen Landen. Aber wiewol diese Kirchenordnung ein ausführliches Ehemandat hat, in welchem sich die genauesten Bestimmungen auch rücksichtlich der verbotenen Verwandtschaftsgrade finden, so haben wir doch keine allgemein giltige Kirchenordnung in unserem Lande, also auch keine Norm, welche diese Verhältnisse im Sinne und Interesse der lutherischen Kirche regelte und dem Geistlichen und Laien die nötige Wißenschaft und die nötigen kirchenordnungsmäßigen Anhaltspunkte für sein Handeln gäbe. Wir haben nur Bestimmungen des bürgerlichen Rechts in den Landesgesetzen, nach welchen einzig und allein diese wichtige Angelegenheit geregelt wird. Von dem weltlichen

Gericht ist die Sache auch mit den verbotenen Verwandtschaftsgraden bereits gerichtet und geschlichtet, wenn der Pfarrer die Traulicenz und damit die Weisung bekommt, die Ehe kirchlich einzusegnen. Er hat gar keine Veranlaßung, nach der Verwandtschaft zu fragen, wenn er sie nicht nimmt. Und die kirchlichen Oberbehörden haben nichts darein zu reden, als daß sie nach Maßgabe der in den einzelnen Landestheilen giltigen Gesetze die Dispensation bei verbotenen Verwandtschaftsgraden nach bestimmten, gleichfalls von der weltlichen Behörde festgestellten Taxen ertheilen. Damit sind also, was diesen Punkt betrifft, die alten lutherischen Kirchenordnungen aufgehoben, wenn auch nicht ausdrüklich, doch insofern sie nicht mehr zur Anwendung kommen.

(Fortsetzung folgt.)

Auf Wunsch der Verlagshandlung und im Interesse unserer Leser namentlich aus dem geistlichen Stande nimmt die Redaction gerne auf die folgende

Ankündigung.

In unterzeichneter Verlagshandlung erscheint:

Evangelienbuch.

Die Episteln und Evangelien der lutherischen Kirche sammt Collecten und Verzeichnis passender Psalmen und Lieder.

Von **Wilhelm Löhe**, lutherischem Pfarrer.

Hoch 4. Pracht-Ausgabe. Preis 5 fl. oder 3 Thlr.

Es war die Absicht des Herrn Verfaßers, ein den Anforderungen der Gegenwart völlig genügendes Evangelienbuch für den Gebrauch am Altare herzustellen, da den meisten lutherischen Kirchen ein solches gänzlich mangelt und die in neuerer Zeit beliebte Altarbibel durch das Aufschlagen unbequem ist. Etwa vorhandene alte Evangelienbücher sind aus mancherlei Gründen weniger brauchbar. Auch ist keine neuere Unternehmung der Art bekannt, die das leistete, was im gegenwärtigen Werke geboten wird.

Das Buch enthält Alles, was von einem Evangelienbuch erwartet werden kann; die epistolischen und evangelischen Perikopen für das ganze Kirchenjahr, auch für die Aposteltage und andere stehende Feste vollständig; ebenso die ganze Passionsgeschichte nach Matthäus, Marcus, Lucas und Johannes mit Episteln und Evangelien auf jeden Tag der großen Woche, sowie die Historie von der Zerstörung Jerusalems nach Josephus.

Um den liturgischen Charakter jedes Sonn- und Festtags zu bezeichnen und damit für die ganze liturgische Anordnung und Haltung des Gottesdienstes die kirchlichen Grundgedanken an die Hand zu geben (was eben sowol dem Liturgen vom Fach, als jedem praktischen Geistlichen von Interesse und Nutzen sein und eine große Erleichterung verschaffen wird), stehen vor den Texten die altherkömmlichen, bei Festen allgemein gebrauchten und für die übrigen Sonntage durch eine zweckdienliche Uebersetzung oder Verbeßerung der alten vorhandenen Uebersetzungen zugänglicher gemachten Collecten der eigentlichen antiken Art mit ihrer nervigen Kürze. Hinter den Texten weisen die Nummern der Psalmen theils auf den Introituspsalm, theils auf anderweitigen Gebrauch der Psalmen für den treffenden Sonntag in der alten Kirche, theils sprechen sie den Gedanken aus, daß dem Psalmengesang in dem öffentlichen Gottesdienst ein Recht gebühre. Noch unmittelbareren Dienst thut aber die gleichfalls nach den Texten gegebene Auswahl von Kirchenliedern, die am häufigsten für diese Tage in den lutherischen Kirchen gebraucht wurden, sowol für epistelische als Evangelientexte.

Während es erhellt, daß der eigentliche liturgische Leistung des Buches in den letztgenannten drei Stücken, namentlich in der Herstellung der antiken Collecte besteht, so ist doch ebenso großer Fleiß auf die Herstellung einer in sprachlicher wie liturgischer Hinsicht genügenden Textrecension verwendet. Für den Wollaut und kirchlichen Geschmack, wie er durch die öffentliche Vorlesung erfordert wird, sorgte der Herr Verfaßer nicht weniger, als für die Herstellung eines richtigen Textes. Zur Berichtigung desselben, sowie zur gleichförmigen Durchführung kritischer und sprachlicher Grundsätze stand dem Herrn Verfaßer bei der Correctur der als Sprachkundiger bekannte, eben mit einer kritischen Ausgabe der lutherischen Bibelübersetzung beschäftigte Herr Dr. Frommann in Nürnberg zur Seite.

Ueber alles Weitere gibt die Vorrede genügenden Aufschluß.

Das hier Gesagte dürfte aber hinreichen, um Gemeinden und Gemeindeglieder zu überzeugen, daß sie ihren Kirchen und Altären kein schöneres und beßeres Geschenk machen können, als durch Stiftung eines solchen Evangelienbuchs.

Die typographische Ausstattung ist der Würde des Buches entsprechend und wird dasselbe eine Zierde des Altars sein.

Auf Verlangen liefern wir auch Exemplare in Goldschnitt mit silbernem Gesperr und Textmerkern, in Holz und Leder gebunden zu möglichst billigem Preis und sehen zahlreichen Bestellungen entgegen.

Den verehrten Herren Geistlichen und allen Freunden der Kirche sei hiemit dieses werthvolle Buch bestens empfohlen! — Alle guten Buchhandlungen nehmen Bestellungen an. Direkt an uns ergehende Anfragen werden franco erbeten.

U. E. Sebald'sche Verlagshandlung in Nürnberg.

Herausgeber:

Bauer, Inspektor der Miss.-Anstalt in Neuendettelsau.

C. Stirner, Pfarrer in Fürth.

Erscheint monatlich. — Preis jährlich 30 kr.

Druck und Verlag der C. H. Beck'schen Buchdruckerei in Nördlingen.

Correspondenzblatt

der Gesellschaft für innere Mission

nach dem Sinne der luth. Kirche.

Nro. 9. September 1861. II. Jahrg.

Noch ein Wort über die Heirathen in verbotene Verwandtschaftsgrade, namentlich die Schwägerschaft betreffend.

(Schluß.)

Hier läßt sich der Mangel einer giltigen schriftmäßigen Kirchenordnung recht empfindlich verspüren. Sonst waren alle Geistlichen, z. B. in den markgräflichen Landen verpflichtet — und so wurde es in andern lutherischen Ländern auch gehalten —, zweimal im Jahre von der Kanzel die obenbenannten Eheartikel aus der brandenburgischen Kirchenordnung vorzulesen, worin auch ausführlich der verbotenen Verwandtschaftsgrade gedacht ist, und sorgfältig darüber zu wachen, daß diese Bestimmungen eingehalten würden. Dazu wurden diese Artikel auch „zu jedermanns Wißenschaft in öffentlichen Druck gebracht". So wurde also Geistlichkeit und christliches Volk in stetiger Erkenntnis und Uebung erhalten, was nach Gottes Wort und der kirchlichen Ordnung und Sitte bei Eheschließung zuläßig sei, und was nicht. Jezt erfährt es der einzelne fast nur bei Gericht. Er hört zwar von verbotenen Graden und muß in einzelnen Fällen die Dispensation der geistlichen Oberbehörde nachsuchen, aber die Dispensation selber ist ihm nicht eine Mahnung an das Gewißen, was sie eigentlich sein soll, sie hat keinen geistlichen Charakter mehr, und scheint ihm nichts als lästige Formalität, bei der es am Ende nur auf die Taxe abgesehen ist. So muß sich das Volk sein Urteil aus der Erfahrung und Praxis bilden über das, was zuläßig sei oder nicht. Statt aller Bestimmungen einer lutherischen Kirchenordnung findet sich in dem Amtshandbuch für die protestantischen Geistlichen des Königreichs Bayern Bd. I pag. 192 ein Ministerialerlaß vom 31. December 1810, „Ehedispensation in verbotenen Verwandtschaftsgraden" überschrieben, welcher den Zweck hat, ein Reglement zu geben für die Taxen, die bei Ehedispensationsertheilungen zu zalen sind. Dies ist unseres Wißens die einzige öffentliche Kundmachung der Kirche, woraus man entnehmen kann, wie weit die Grenzen gesteckt sind, innerhalb deren die Kirchenbehörde dispensieren kann. Daraus ersieht man, welche verbotenen Verwandtschaftsgrade „indispensabel" sind, d. h. welche absolute Ehehindernisse sind, und welche dispensabel sind, d. h. welche als verbotene Grade anzusehen sind, bei welchen nicht ohne alles Bedenken die Ehe zugegeben werden kann, bei denen aber gegen die bestimmte Taxe, bei Vermögenslosigkeit auch ohne dieselbe, die Erlaubnis von den kirchlichen Oberen nachzusuchen und zu erlangen ist. Die Fälle, die nicht unter den beiden Gesichtspunkten aufgezählt sind, bedürfen keiner Dispensation und Taxerlegung. Darnach erscheinen als indispensabel 1) alle Grade der Blutsfreundschaft und Schwägerschaft in gerader Linie, aufsteigend und absteigend. *) Dahin gehört alles, was den Namen: Mutter, Sohn, Vater, Tochter, Enkel, Enkelin trägt, es sei recht, oder Stief-, Groß- oder Schwieger-. 2) Der erste Grad der Blutsfreundschaft in gleicher Seitenlinie; dahin gehört Bruder und Schwester, es sei recht oder Halb-. Dagegen dispensabel ist 1) der zweite Grad der Blutsfreundschaft gleicher Seitenlinie; dahin gehören die Geschwisterkinder, 2) der erste Grad der Schwägerschaft gleicher Seitenlinie; dahin gehören die Heirathen zwischen des **verstorbenen Mannes Bruder** und **dessen hinterlassener Frau** und dem Mann der verstorbenen Frau und deren Schwester, 3) der zweite Grad der Blutsfreundschaft ungleicher Linie, a) die Ehen zwischen Oheim und Nichte von väterlicher und mütterlicher Seite, erschwert durch doppelte Taxe, b) die Ehen zwischen Neffen und Tante oder Muhme, erschwert durch dreifache Taxe. Alle entfernteren Verwandtschaftsgrade bedürfen keiner Dispensation. So ist es gegenwärtig bei uns.

Vergleichen wir damit die alten luther. Kirchenordnungen, z. B. die Pfälzische von Ottheinrich 1556, so findet sich im Vergleich mit den obigen Bestimmungen der Unterschied: Bei der Blutsfreundschaft der ungleichen Seitenlinie ist der zweite Grad, und — worauf es uns besonders ankommt — auch bei der Schwägerschaft gleicher Seitenlinie der erste Grad (Bruders Frau, des Weibes Schwester zu heirathen) verboten und zwar **als indispensabel**, weil „aus göttlichen und natürlichen Gesetzen". Die Ehen zwischen Geschwisterkindern, und bei der Schwägerschaft auch der zweite und dritte Grad, sind verboten von der Kirche „aus pädagogischen Gründen", „aus menschlicher Ordnung", weshalb davon dispensiert werden kann. Man findet hier die klare Unterscheidung des göttlichen und menschlichen Rechtes und die besonnene Anwendung des letzteren. „Was nach göttlichem Recht unzuläßig ist, trennt auch die bereits geschloßenen Ehen; was nach menschlichem Recht unzuläßig ist, ist eine Maßregel (ein Versuch) sie zu hindern". So lautet die Regel für das kirchliche Handeln. Im Wesentlichen stimmt damit die brandenburgische Kirchenordnung und die andern lutherischen Kirchenordnungen alle überein, nur daß sie in der Vorsorge noch weiter gehen.

Es ergibt sich also, daß die Kirche bei uns dispensiert in Fällen, die nicht bloß nach menschlicher Ordnung, um eine desto größere Scheu vor den Heirathen ins Blut zu erwecken, sondern ausdrücklich und nachdrücklichst in der heil. Schrift verboten sind, also nach göttlichem Recht, wie bei der Ehe mit des verstorbenen Bruders Frau und des Neffen mit der Tante oder Muhme. Dadurch geräth die Kirche in unauflöslichen Widerspruch mit sich selbst und mit den Grundsätzen der Reformation, indem sie etwas in der Schrift Verbotenes und hart Verpöntes erlaubt. Diese Praxis muß nothwendig auf das sittliche Urtheil des Volkes verwirrend und abstumpfend wirken. Man hält die ganze Strenge rücksichtlich der Heirathen in die Verwandtschaft für eine veraltete Einrichtung und eine lästige Feßel und für eine Art Abgabe. Dadurch, daß die Grenzen des göttlichen und menschlichen Rechtes verrückt sind, fällt auf die ganze Veranstaltung mit der Dispensation ein schiefes Licht, und die ursprüngliche seelsorgerliche Absicht, Heirathen in die nahe Verwandtschaft, auch wenn der Fall im göttlichen Wort nicht ausdrücklich verboten ist, auf Grund gemachter Erfahrungen zu widerrathen und sie nach Kräften zu verhindern, geht damit ganz verloren. Es war eine wolthätige Einrichtung der Kirche, daß alle solche Fälle zuerst genau untersucht und nach Umständen beschieden wurden. Solche Einrichtung hat sehr wolthätig auf die Sitte gewirkt und das Gewißen des christlichen Volkes allezeit wach erhalten. Das war der Segen einer schriftmäßigen Kirchenordnung, die wir jezt entbehren, und einer dadurch ermöglichten geist-

*) Die gerade Linie bilden die, die von einander abstammen, aufsteigend Vater, Großvater rc., absteigend Sohn, Enkel; die gleiche Seitenlinie ist vorhanden, wenn zwei Verwandte gleichweit von dem Stammvater entfernt sind, wie Bruder und Schwester, die ungleiche Seitenlinie, wenn ein Verwandter dem Stammvater näher, der andere ferner ist, wie Oheim und Nichte.

lichen Behandlung der Sache. Läßt sich das Verlorne auch nicht wieder in der Weise herstellen, wie es war, und sind die älteren Kirchenordnungen in dem Stück einer Revision bedürftig, so kann es doch ohne den größten Schaden der Kirche und ihrer Glieder nicht so bleiben, wie es ist, daß die Kirche und ihre Diener durch ihre Dienstesinstruction hart verbunden sind, *in Ehesachen die bürgerliche Gesetzgebung als maßgebend und absolut bindend für ihr Handeln zu betrachten, auch wenn die gesetzlichen Bestimmungen ausdrücklich wider Gottes Wort sind*, wie bei Ehescheidungen ohne genügenden Schriftgrund und bei Trauungen in Fällen, welche die Schrift ausdrücklich verbietet, aber das bürgerliche Gesetz erlaubt. Mag der Staat hier handeln, wie es ihm gut scheint, die Kirche kann nicht *ohne Schutz, d. h. ohne Kirchenordnung* bestehen, welche ihr Gewißen und ihr Handeln in Einklang setzt mit dem göttlichen Wort und sie nicht nöthigt, einer ihr fremden Gewalt in geistlichen Dingen unterthan zu sein.

Diese Zustände, wie wir sie haben, sind die Frucht einer glaubenslosen und in ihrem sittlichen Ernst tief herabgekommenen Zeit. Die Anschauungen dieser Zeit haben sich in den Gesetzen und Verordnungen verkörpert. Es ist ein Wunder, daß noch so viel von Sitte und sittlichem Ernst unter unserm Volke in dem Stück stehen geblieben ist, wenn man bedenkt, daß die Zeit der Aufklärung darauf ausgieng, im Widerspruch mit dem natürlichen Gefühl der gesitteten Völker aller Zeiten, diese Schranken wo möglich ganz zu durchbrechen, und daß ein Lehrer der Theologie in Wittenberg, später in Halle, Michael Weber, in einer Reihe von kleinen Schriften alles aufbot, zu beweisen, daß in dem mosaischen Gesetze gar keine Gebote über die Ehen in der Verwandtschaft vorkommen. Er will „durch eine neue durchaus wahre Erklärung einen Irrtum ausrotten, der zwei Jahrtausende und länger die Gemüter eingenommen". Er spricht unverholen die Absicht aus, dahin zu wirken, daß die Gesetzgebung auf diesem Gebiete gänzlich umgeändert, die Eheverbote nur auf einige wenige Fälle beschränkt werden. Welches diese Fälle seien, darüber, meint er, sei die philosophische Facultät (!) zu befragen. Denn vor das Forum der Theologen gehöre nach seiner Beweisführung die Sache gar nicht mehr. Man war nahe daran, die Ehen zwischen Geschwistern öffentlich sanctioniert zu sehen, ein Greuel, um dessen willen der Herr ganze heidnische Völkerschaften ausgerottet hat! Da kam eine Hilfe von einer Seite, von der man es nicht erwartet hätte. Die Kantische Philosophie reagierte mit dem eigentümlichen sittlichen Ernst, der ihr inwohnte, gegen die Erschlaffung des sittlichen Bewußtseins jener Zeit, und eine neue christliche Zeit, die darauf anbrach, gab dem Widerstand nachhaltige Kraft.*) Das christliche Bewußtsein unserer Tage ist mächtig vorgeschritten und hat fast alle Gebiete des Lebens beleuchtet. Aber gerade in dem Punkte stehen wir vor einer großen, fast unlösbar scheinenden Aufgabe, ich will nicht sagen, das christliche Bewußtsein und Gewißen im Betreff der Ehesachen und das bürgerliche Gesetz in Einklang zu bringen, aber doch wenigstens durch ein gemeinsames entschiedenes und thatkräftiges Zeugnis die Kirche und ihre Diener von den Feßeln und Banden gewißensbeschwerender und widergöttlicher weltlicher Gesetze und Verordnungen in Ehesachen, sei es auch durch Einführung einer Nothcivilehe oder auf anderem geeigneten Wege, zu erlösen. Es ist nicht abzusehen, wohin der Conflict des christlichen Gewißens mit den bestehenden Ordnungen führen soll, wenn sich nicht die ganze Kirche ermannt und für ihr göttliches Recht ungescheut in die Schranken tritt. Versäumen wir nicht, uns in dem Stück zu reformieren, d. h. zu beßern, indem wir das geeignete Licht auf die Zustände und in unsere Gewißen, sei es, daß wir Leiter der Gemeinde seien oder Glieder derselben, fallen laßen. Es bleibt kein Zeugnis für die Wahrheit ungesegnet und ohne Frucht, wenn es auch in Schwachheit geschieht, denn es ist der HErr mit uns.

Was soll man von dem Vereinigungstrieb unserer Zeit denken.

Eine Zeit, in welcher ein starker Zug und Trieb der Menschen zur Vereinigung für gewisse Zwecke, sie mögen sein, welcher Art sie wollen, hindurch geht, ist keine unbedeutende Zeit. Wo Bewegung ist, ist Leben, und wo Leben ist, ist Kraft.

Eine solche Zeit ist die unsere vor andern. Was gibts in unserer Zeit für Vereine, Vereinigungen, Gesellschaften, Associationen! Es ist kein irgend bedeutsamer Lebenszweck, der nicht seine mancherlei Vereine hätte, kein Stand und keine Berufsart, die sich nicht unter irgend einer Form zusammenschlöße. Jede Seite des Lebens, die religiöse, die politische, die sociale, die wißenschaftliche,

*) Vgl. Hengstenberg Evang. KZeit. 1840 Nr. 47 ff. Ueber die verbotenen Ehen in der Verwandtschaft.

die praktisch materielle ɛc. ist vertreten durch besondere Formen der Vereinigung.

Es gibt Vereine und Vereinigungsformen zu hunderten, und jeder Tag bringt neue. Es gibt Thierquälereivereine, Mäßigkeitsvereine, Versicherungsgesellschaften aller Art, Brand-, Hagel-, Lebensversicherungen ɛc., Vereine für prunklose Beerdigung, Gesangvereine, Kunstvereine, Turnervereine, Schillervereine, literarische Gesellschaften und Vereine, Gewerbsvereine, Schulvereine, politische Vereine, Freimaurergesellschaften, sittlich-religiöse Vereine, Armenvereine, Krankenvereine, Missionsvereine, Gustav-Adolfsvereine, Piusvereine, und wie sie in buntester Mischung alle heißen mögen. Dazu gehören die religiösen Genossenschaften und Orden aller Art. Man denke ferner an die Wanderversammlungen der Lehrer, Forstmänner, Juristen, Apotheker, an die Pastoralconferenzen und Kirchentage und andere Versammlungen und festliche Zusammenkünfte zu bestimmten Werken.

Alle diese Bestrebungen und Bildungen beruhen ganz und gar auf der *Freiwilligkeit*. Und je beschränkender oft die Verhältnisse sind, desto mehr ist der Drang dazu. Man will „unitis viribus", d. h. *mit vereinten Kräften* bewirken, was der einzelne in seiner Vereinzelung nicht kann. Man will eine *organisierte* Thätigkeit, um desto sicherer sein Ziel zu erreichen.

Im Verhältnis zu diesen zunehmenden Bestrebungen des Vereinigungstriebes stehen die *Mittel der Vereinigung*, die mit jedem Tag wachsen und zunehmen und großartiger werden. Man denke an die geistigen Verkehrsmittel, die Bücherwelt, die Tagespresse, die Flug- und Gelegenheitsschriften, an die materiellen Verkehrsmittel, die Eisenbahnen, Dampfschiffe, Telegraphen, die sich wie ein Netz über Länder und Meer, ja über alle Welttheile ausbreiten und an einzelnen Punkten wie an Knotenpunkten zusammenlaufen, wodurch Länder und Städte und Menschen und Dinge einander in eine unglaubliche Nähe gerückt sind und sich tausend und abertausend berechnete und unberechenbare Berührungspunkte herausstellen.

Was soll man nun von diesem mächtigen Vereinigungstrieb halten? Ist er gut oder schlimm? Soll man es wünschen, daß er so ist, oder daß er anders wäre? Ehe man sich besinnt, ist geurtheilt. Denn es benüzt jeder die dargebotene Gelegenheit, wie, und so gut er kann. Es wird nur darauf ankommen, ob eine Vereinigung einen guten oder schlechten Zweck verfolgt, ob in einer Gemeinschaft ein guter oder schlechter Gemeingeist herscht, ob man — und das ist die Hauptsache — mit seinem Thun die Zwecke des Reiches Gottes, oder die Zwecke der abfälligen Welt und des Teufels fördert.

Und dazu gehört ein helles scharfes Auge, um hier richtig zu sehen, und ein erleuchtetes Gewissen, um richtig zu handeln. Tausende laßen sich von der Strömung hinreißen und dienen einer scheinbar unschuldigen und guten Sache, im Grunde aber dem Wesen dieser Welt und dem Satan. Man thue die Augen auf, was unter uns vorgeht und geschieht. Es wiederholt sich, nur *raffinierter und in größerem Maßstabe*, dasselbe, was *der Thurmbau zu Babel* anstrebte, *Vereinigung der gesammten von Gott entfremdeten Menschenmaße unter eine einheitliche Leitung*. Das ist im tiefsten Grunde mit dem bewußten Abfall von Gott und Christus verbunden, *antichristisch*. Der Antichrist selbst aber ist dann da, wenn alle diese widergöttlichen Bestrebungen einen persönlichen Einigungs- und Einheitspunkt in ihm gefunden haben.

Was bleibt da dem einzelnen Christen und den Christen insgemein übrig? Nichts als sich in beßerer Weise und zu beßeren für die zeitliche und ewige Wolfahrt des Menschen dienenden Zwecken zu verbinden. Dazu hat Gott die *Kirche* gestiftet, das Widerspiel des Weltreichs, und in ihr sind nachweisbar alle Arten von Vereinigungen, um einzelne Seiten des christlichen Lebens mit organisierten Kräften auszubauen, Gott gefällig und recht. Die Kirche hat das nie anders angesehen und gehalten. Und wer gegen die Vereine in der Kirche ist, hat die Natur der Kirche noch nie erkannt, nur daß sie im Geiste der Kirche geschehen und sich der kirchlichen Controle, was aber nicht eins ist mit der büreaukratischen Leitung oder Beeinflussung der Kirchenbehörden, nicht entziehen. Auch bis in die einzelne kleinere Gemeinde herab, die ja ein Abbild des Ganzen ist, gilt das. Der Vereinigungstrieb zum Guten ist gut und soll auf alle Weise befördert werden.

Was will Gott damit? Alle Kräfte des Guten sammeln zum letzten Kampf, der im Unterliegen zum Siege wird, wenn Der kommt, welcher kommen soll. Gott verleihe uns nur so viel Lust und Trieb zur Vereinigung auf Grund der göttlichen Wahrheit, als die Weltkinder für ihre nichtigen oder ungöttlichen Zwecke haben.

Herausgeber:

Bauer, Inspektor der Miss.-Anstalt in Neuendettelsau.

C. Stirner, Pfarrer in Fürth.

Erscheint monatlich. — Preis jährlich 30 kr.

Druck und Verlag der C. H. Beck'schen Buchdruckerei in Nördlingen.

Correspondenzblatt der Gesellschaft für innere Mission

nach dem Sinne der luth. Kirche.

Nro. 10. October 1861. II. Jahrg.

Inhalt: Wahrheiten, welche die Christen dieser Zeit besonders zu beherzigen haben. — Noch ein Wort über die Heirathen in verbotene Verwandtschaftsgrade, namentlich die Schwägerschaft betr.

Wahrheiten, welche die Christen dieser Zeit besonders zu beherzigen haben.

4.

Die Christen unserer Tage haben besonderen Fleiß darauf zu wenden, sich von Parteileidenschaft zu reinigen, gegen Christen aller Confessionen und Farben Gerechtigkeit im Urtheil zu üben und ihr Verhalten darnach einzurichten.

Wir haben in unseren Tagen großartige Unionsbestrebungen. Grundsätze, wie sie die evangelische Allianz verkündet, nach denen sich alle nicht katholischen Kirchengemeinschaften und Secten als eins setzen und diese Einigkeit mit Absehen von allen vorhandenen Unterschieden unter ihnen bethätigen und besiegeln durch zeitweilige allgemeine Versammlungen und durch den gemeinsamen Genuß des heil. Abendmahls, sind Bestrebungen, welche großen Anklang in unserer Zeit finden und gleichsam in der Luft liegen. Sie haben einen mächtigen Bundesgenoßen in der Leichtfertigkeit, Oberflächlichkeit und Unwißenheit in göttlichen Dingen, die unsere Zeit vor andern auszeichnet. Sie sind ein kräftiges Mittel, das mächtig mithilft bei dem Auflösungsproceß, dem alle unsere bestehenden Verhältnisse und Einrichtungen, auch die kirchlichen Gestaltungen entgegen gehen. Sie sind ein Zerrbild der Einigkeit, welche Christus in seiner Kirche als das höchste und letzte Ziel seiner Sendung hinstellt: „auf daß sie alle eins seien, gleich wie der Vater in mir und ich in ihm". Aber trotz alle dem ist eine Wahrheit in diesen mit so vielem Verkehrten und Verderblichen behafteten Bestrebungen, welche die Kirche Gottes nicht übersehen sollte.

Nachdem die Welt christlich geworden und das römische Reich sich dem Scepter Christi unterworfen hatte, lag die katholische, die allgemeine Kirche, welche auch die eine war, im Kampf auf Tod und Leben mit den Ketzereien, welche den Bestand und die Existenz der christlichen Kirche und der Lehre von Christo, als dem Heil der Welt, außer welchem keines zu finden ist, in Frage stellten und in die größte Gefahr brachten. Damit, daß es ihr gelang, die Ketzereien aus ihrer Mitte hinauszuwerfen, siedelten sich an ihren Gränzen kleinere Gemeinschaften an, welche mehr oder minder neben den kräftigen Irrtümern doch den Kern des christlichen Glaubens bewahrt und sich bis auf diese Tage als gesonderte Kirchenparteien gehalten haben, wie die morgenländischen Kirchengemeinschaften der Kopten, Nestorianer, Maroniten 2c. Als die katholische Kirche groß und stark geworden war und den stolzen Verfassungsbau aufgerichtet hatte, der in der ewigen Stadt Rom seinen weltbeherrschenden Mittelpunkt gefunden, ein Umstand, welcher auch zur Trennung der morgenländischen und abendländischen, der griechisch- und römisch-katholischen Kirche geführt hat, so entstanden in ihrem Schooße Gegensätze, welche, wenn auch einseitig und mit Verkehrtem gemischt, doch in gewissen Punkten die Wahrheit und schriftgemäße Lehre gegen die herrschende Kirche vertraten, und die insofern mit Unrecht verfolgt und aus der Kirche hinausgeworfen wurden, als in ihnen und mit ihnen zugleich die evangelische Wahrheit, die sie bekannten, zum Verderben und Unheil der römischen Kirche verworfen wurde, wie es bei den Waldensern, Albigensern, Hussiten, böhmischen und mährischen Brüdern der Fall war. Aus der Verkennung und Verwerfung der Wahrheit, welche in diesen und ähnlichen Gegensätzen lag, ist bekanntlich die Reformation des 16. Jahrhunderts hervorgegangen, welche sich in zwei Arme theilte, in die deutsche und schweizerische, woraus sich einestheils die lutherische Kirche, anderntheils die vielen reformierten Kirchengemeinschaften und die daraus wieder entsprungenen Secten der Wiedertäufer, Menoniten, Methodisten 2c. bildeten. Es steht gegenwärtig die Christenheit zertheilt und zerspalten in zwei große Hauptparteien, eine, die den alten Stamm umfaßt, die griechische und römische Kirche, und eine, welche die erneuerte Kirche, wie sie aus der Reformation des 16. Jahrhunderts hervorgegangen ist, darzustellen versucht, die lutherische und die reformierte Kirche. Daneben stehen eine Menge größerer und kleinerer Secten. Unverkennbar haben die vier Hauptconfessionen etwas Gemeinsames, was jeder von ihnen den Charakter einer wesentlich christlichen Kirche aufprägt, das ist die Taufe und die drei Artikel des Glaubens, man kann mehr sagen, die drei alten christlichen Glaubensbekenntnisse. Es ist also wahr und richtig, daß es eine Einigkeit über den Confessionen gibt. Diese anzuerkennen verlangt die Wahrheit und Gerechtigkeit. Es ist auch nicht zu leugnen, daß bei den christlichen Secten größtentheils die Taufe richtig verwaltet wird, und der Wesensbestand der christlichen Lehre sich befindet. Insoweit das der Fall ist, kann man auch ihnen den christlich-kirchlichen Charakter nicht absprechen. Aber neben dieser Einigkeit, welche thatsächlich vorhanden ist, und die nur blinde Leidenschaft und fanatische Beschränktheit leugnen kann, steht die Scheidewand der Häresie, welche alle andern, seien es Confessionen oder Secten, von der rechtgläubigen Kirche, von der Kirche des reinen schriftmäßigsten Bekenntnisses, trennt und, so lange das Verhältnis bleibt, wie es ist, auch getrennt erhalten muß. Die lutherische Kirche maßt sich das nicht an, sondern hat ein nachweisbares Recht, sich die wahre Kirche zu nennen. Im Verhältnis zu ihr sind die römisch-griechische und römische Kirche, wie die reformierte, 'soweit sie von der schriftmäßigen Lehre und Sacramentsverwaltung abweichen, häretische Kirchengemeinschaften, mit denen sie, ohne die ihr vertraute Wahrheit zu verleugnen und preis zu geben, keine Kirchen- und Abendmahlsgemeinschaft eingehen kann.

Ist in dieser Hinsicht die lutherische Lehre und der Bestand der lutherischen Kirche als der wahren sichtbaren Kirche festgestellt und gesichert, so tritt jedoch die Pflicht ein, die Lehre und Praxis der andern Confessionen und Kirchenparteien einer unbefangenen und unparteiischen Prüfung zu unterwerfen, die bestehenden Gegensätze und Abweichungen von der Schrift in ihrer ganzen Schärfe aufzuzeigen, aber auch die vorhandene Uebereinstimmung in Lehre und Praxis anzuerkennen und sich derselben zu freuen. Dabei ist nicht zu übersehen, daß ein Lutheraner für die Gebrechen und Misbräuche seiner eigenen Kirche in Lehre und Praxis das Auge nicht verschließen darf, eben so wenig wie für die Vorzüge, die andere Kirchengemeinschaften in dem und jenem Stücke vor uns voraus haben. So verlangt es die Gerechtigkeit. Und diese gibt überall das rechte Maß bei der Beurtheilung an die Hand. Durch die Regulierung des Urtheils wird auch das Verhalten der verschiedenen Kirchengemeinschaften und ihrer Glieder und das Verhältnis, in das sie zu einander treten können, bestimmt. Die Confessionen sind vielfach auch anders geworden, viele Gegensätze haben sich gemildert, die Aufregung hat sich gelegt, die Gegensätze sind bereits der Geschichte verfallen. Das alles macht eine unbefangenere Betrachtung möglich und bewirkt ungesucht eine größere Annäherung der Confessionen, die in unseren Tagen überall vorbereitet ist. Je mehr die lutherische Kirche ihr Kleinod, das Sacrament des Altars, bewahrt, desto mehr ist gerade die lutherische Kirche dazu angethan, sich den übrigen Kirchen zu nähern. Das bringt ihr universeller, wahrhaft katholischer Charakter mit sich. Aber da müßen die alten Parteileidenschaften und Parteisünden, deren man sich in der Hitze des Streites gegenseitig schuldig gemacht hat, beseitigt werden. Es muß ein Vergeben und Vergeßen der Vergangenheit eintreten, und die Liebe kann sich auch über die bestehenden Unterschiede und Zäune die Hand reichen. Das ist manchem strengen Lutheraner, der noch die Sprache des 16. Jahrhunderts spricht und dessen Geist in sich reproduciert hat, ohne damit in die Bedürfnisse unserer Zeit eingegangen zu sein, eine ungewöhnliche und bedenkliche Sprache. Man muß sich in dem Fall allerdings darein ergeben, in vielen Stücken von dem hergebrachten Urtheil abzugehen, welches in dem eigenen Hause alles trefflich und bei den fremden Gemeinschaften alles verwerflich findet, das ist wahr. Aber eben das ist Parteisünde und Parteileidenschaft, von der man sich im Interesse der Wahrheit und der Liebe zu reinigen hat. Und eben das ist entschieden ein Fortschritt zum Beßeren und eine dringende Aufgabe unserer Zeit. Erkennt unsere Kirche diese Aufgabe nicht, so wird sie den ihr zugewiesenen Einfluß auf die Zeit verlieren und in eine gewisse Erstarrung fallen, wie das Alter, das die jugendliche Beweglichkeit verliert. Sie vor allen hat die Aufgabe, den andern die Leuchte der Wahrheit voranzutragen. Hochmüthige Beschränktheit und Einbildung ziemt ihr am wenigsten.

Dazu kommt die ganz veränderte Lage der christlichen Kirche gegenüber ihrer Feindin, der abfälligen Welt. Die Noth kann gar bald lehren, so weit sich unter Christen zu verständigen, als zum Kampfe gegen den gemeinsamen Feind erforderlich ist. Der Gegensatz, welcher das Christentum selbst verneint, läßt alle untergeordneten Gegensätze verschwinden. Gott gebe uns die selbstverleugnende Weisheit, die hieher gehört!

Noch ein Wort über die Heirathen in verbotene Verwandtschaftsgrade, namentlich die Schwägerschaft betreffend.

(Fortsetzung.)

Ein weiterer Einwand, betreffend die Zuläßigkeit der Ehe mit des Bruders hinterlaßenem Weibe, ist der: Die Schriftkundigen sind rücksichtlich der Auffaßung der mosaischen Gesetze bei Heirathen unter Verwandten selbst nicht einig. Manche glauben bei dem Wortlaut stehen bleiben zu müßen und faßen die Sache so, daß von dem Gesetz die einzelnen Personen bezeichnet sind, die zu heirathen verboten sind, alle andern Personen, die nicht ausdrücklich benannt sind, wären erlaubt. Andere, darunter die älteren lutherischen Lehrer allesammt und die canonischen Gesetze im päpstlichen Recht, halten die sogenannte Gradrechnung fest, d. h. sie rechnen, wie weit eine in der Schrift verbotene Person von dem Stammvater entfernt ist, und schließen: alle andern, die eben so weit entfernt sind, auch wenn sie nicht genannt sind, sind gleichfalls verboten. Auf dem Wege werden die im Stammbaum bei Mose leer gelaßenen Lücken alle ausgefüllt. Man könnte jene die biblische, diese die kirchliche Faßung der Sache nennen. Sieht man aber genauer zu, so ergibt sich, daß zwischen beiden doch mehr Einigkeit herrscht, als es scheint, und daß nur in etlichen Punkten eine wirkliche Verschiedenheit da ist. Vergegenwärtigen wir uns die Sache durch die Anschauung.

In der h. Schrift ist 3 Mos. 18 u. 20 jeder geschlechtliche Umgang, ja jede schamlose Annahung von Personen naher Verwandtschaft verboten. Ausdrücklich genannt sind folgende Personen, zwischen denen die Ehe verboten ist, nemlich zwischen:

Mutter	und	Sohn, 3 Mos. 18, 7.
Stiefmutter	„	Stiefsohn, v. 8.
Schwiegermutter	„	Schwiegersohn, v. 17. 3 Mos. 20, 14.
(1] Tochter	und	Vater).
Stieftochter	„	Stiefvater, 3 Mos. 18, v. 17.
Schwiegertochter	„	Schwiegervater, v. 15.
Enkelin	und	Großvater, v. 10.
Stiefenkelin	„	Stiefgroßvater, v. 17.
(2] Großmutter	und	Enkel).
(Stiefgroßmutter	„	Stiefenkel).
Schwester	und	Bruder, v. 9.
Halbschwester	„	Halbbruder, v. 9.
Schwägerin, Bruders Frau, fratria	und	Schwager, Mannes Bruder, levir, v. 16.
Tante oder Muhme und zwar:	und	Neffe,
1) Vaters Schwester,		1) Bruders Sohn, v. 12,
2) Mutter Schwester,		2) Schwester Sohn, v. 13,
3) Vaters Bruders Frau.		3) Mannes Bruder Sohn, v. 14.

Man sieht, das biblische Verwandtschaftsregister ist, was die Nennung der Personen betrifft, sehr vollständig. Es hat nur einige fühlbare Lücken, von denen etliche ausgefüllt sind, die in Klammer eingeschloßenen, etliche nicht.

a) Die ausgefüllten sind:

1) Die Ehe zwischen leiblicher Tochter und rechtem Vater*). Daß man diese getrost einsetzen darf im Sinn des Gesetzgebers, ergibt sich mit Sicherheit. Wenn das Verhältnis zwischen Stieftochter und Stiefvater, zwischen Schwiegertochter und Schwiegervater nicht statt finden darf, so noch viel weniger zwischen rechtem Vater und leiblicher Tochter. Es ist die Unnatur zu groß: darum wird der Fall aus pädagogischen Gründen gar nicht genannt, gar nicht als möglich gedacht. Dazu wird ein solches unnatürliches Verhältnis durch das abschreckende und einzigartige Beispiel Loths und seiner Töchter 1 Mos. 19, 30 ff. gerichtet, welche letztere, in Sodom erzogen, ihr Verhalten als ein ausnahmsweises, wider die Sitte des ganzen Landes streitendes selbst ansehen.

2) Die Ehe zwischen dem Enkel und der Großmutter, Stiefenkel und Stiefgroßmutter. Hier hat man keinen so unmittelbar zwingenden Schluß, wie bei 1), und scheint auf die bloße Aehnlichkeit des Verhältnisses zwischen Großvater und Enkelin verwiesen zu sein. Aber es findet dennoch ein sicherer Schluß von dem Geringeren auf das Größere statt. Wenn es eine Unnatur ist, daß ein Mann seine Enkelin heirathet, so ist es doch noch viel unnatürlicher und widerwärtiger, wenn ein Mann seine Großmutter heirathet. Es ist eine Verletzung des Respectes nicht allein gegen die Großmutter, sondern auch, ähnlich wie v. 7 bei der Mutter, gegen den Großvater. Es scheint der Fall aus demselben Grund, wie bei 1), als sich von selbst verstehend, und gar nicht denkbar, unbenannt geblieben zu sein.

Ueber beide Fälle hat auch nie ein Zweifel bestanden. In der auf- und absteigenden geraden Linie wagen auch die schlechtesten Gesetze keine Abweichung von dem, was das natürliche Gefühl schon und das göttliche Gesetz bestimmen.

*) Man darf nicht irrtümlich 3 Mos. 18, 7 hieher ziehen, als hieße es: „Du (Tochter) selbst mit deinem Vater, du (Sohn) mit deiner Mutter nicht in unerlaubtem Umgang stehen". Die Anrede geht durchweg an den männlichen Theil. Der Sinn des Verses ist: Es ist nicht bloß eine Verletzung des Respectes gegen die Mutter, sondern auch gegen den Vater.

b) Die nicht ausgefüllten Lücken in der Tabelle sind folgende:

1) Der wichtigste Fall, die Ehe zwischen einem Mann und der Schwester seiner verstorbenen Frau. Diese Verbindung ist in der Schrift nicht verboten. Die Worte lauten dahin: eine Frau zu ihrer Schwester soll man nicht nehmen, neben der andern, bei ihrem Leben, 3 Mos. 18, 18. Dieser Zusatz deutet an, daß es nach ihrem Tode erlaubt sei. Es mochte besonderer Grund zu dieser Fassung des Gesetzes vorliegen. Es mochte Jacobs Vorgang mehr, als recht war, Nachahmung gefunden haben, und an ähnlichen Veranlaßungen wie dort mag es nicht gefehlt haben, da die Monogamie im A. T. kein durchgreifendes Gesetz war, obschon sie die Regel sein soll und wol gewesen ist. In der Nähe des Umgangs liegt hier ohnehem etwas Versuchliches, wogegen der sittliche Abscheu wach gerufen werden muste. — Was die Ehe mit der Schwester der verstorbenen Frau betrifft, so stellten die alten Kirchenordnungen dieselbe ganz auf gleiche Linie mit der Ehe zwischen dem Bruder und des Bruders Frau. Allein schon das Gefühl sagt, daß diese letztere Verbindung eine unschickliche ist, und dies wird bestätigt und verstärkt durch Gottes Wort. Es ist etwas viel Erträglicheres, wenn ein Mann nach einander zwei Schwestern hat, als ein Weib nach einander zwei Brüder, ähnlich wie die Vielweiberei weit nicht so verabscheuungswürdig ist, als die Vielmännerei.

Der Fall, daß die Heirath mit der Schwester der verstorbenen Frau erlaubt ist, ist der stärkste Beweis dagegen, daß man bloß nach dem Verwandtschaftsgrade rechnen dürfe, denn des Bruders Frau ist dem Bruder eben so nahe verwandt, als dem Manne des Weibes Schwester ist. Die Schrift lehrt jedes Verwandtschaftsverhältnis in seiner Eigentümlichkeit faßen, und will also uns in der Beurtheilung dieser Verhältnisse ein sicherer Führer sein. Wir hätten demnach bloß die Ehen, welche ausdrücklich benannt sind, als nach göttlichem Recht verboten anzusehen. Das bestätigen auch die folgenden Fälle.

(Fortsetzung folgt.)

Herausgeber:
Bauer, Inspektor der Miss.-Anstalt in Neuendettelsau.
E. Stirner, Pfarrer in Fürth.

Erscheint monatlich. — Preis jährlich 30 kr.

Druck und Verlag der C. H. Beck'schen Buchdruckerei in Nördlingen.

Correspondenzblatt

der  für

Gesellschaft innere Mission

nach dem Sinne der luth. Kirche.

Nro. 11 & 12. November 1861. **11. Jahrg.**

Noch ein Wort über die Heirathen in verbotene Verwandtschaftsgrade, namentlich die Schwägerschaft betreffend.

(Schluß.)

2) Die Ehe mit der Tante, d. h. der Mutter Bruders Frau. Des Oheims (Vaters Bruders) Weib zu heirathen ist dem Neffen ausdrücklich verboten, aber nicht die Tante, die Mutter Bruders Frau. Beide stehen auf gleicher Linie und im gleichen Grad der Verwandtschaft. Man sollte also denken, es sei wegen der Gleichheit des Falles ein sicherer Schluß zu machen, daß auch dieser Verwandtschaftsgrad verbotern sei. Allein es ist auffallend und kann unmöglich ohne Absicht geschehen sein, daß in den beiden Aufzählungen 3 Mos. 18—20 nur die 3 Fälle genannt sind und der vierte, der obenbenannte nicht. Hätte die Absicht des Gesetzgebers gewaltet, nur den Grad zu bezeichnen, nicht den einzelnen Fall, die Person, so lag nichts näher als hier abzuwechseln, in der einen Liste diesen, in der andern jenen Fall aufzuzeichnen; ebenso würden dann sehr unnütze Wiederholungen im Gesetz vorkommen, als wenn neben des Vaters Schwester auch der Mutter Schwester genannt ist, was doch mit Nothwendigkeit gefolgert werden muß, wenn bloß die Nähe des Verwandtschaftsgrades an einem Fall gezeigt werden soll. Aber bei näherer Betrachtung sind die Fälle gar nicht gleich, so ähnlich sie scheinen. Einmal macht das Geschlecht bestimmt einen Unterschied, wie im vorigen Fall bei der Schwester der Frau. Fürs andere finden sich in der Anschauung der Schrift und des Morgenlandes gewisse äußere Verschiedenheiten, die sich in der Sitte ausprägen, die aber auf tiefere innere Unterschiede deuten. Den nächsten Verwandten ist ein vertraulicher Umgang gestattet, eben weil die Heirat nicht verstattet war. Bei den Römern machte der Kuß, der unter den nächsten Verwandten Sitte war, wie Plutarch berichtet, die Grenzscheide, bei den Juden wahrscheinlich der Schleier, den alle Frauenzimmer von einigem Stande trugen. Bei nächsten Verwandten durften sich die Frauen ohne Schleier sehen lassen, bei andern Männern nicht. Und merkwürdig ist, daß diese Sitte, die sich noch bei den Arabern findet, und die von Muhamed aus einem alten Herkommen in geschriebenes Gesetz verwandelt wurde, gerade so weit geht, als die Eheverbote im Gesetze Mosis reichen, wobei zu beachten ist, daß bei den

Arabern die Eheverbote selbst noch strenger sind, als bei den Juden, und also nicht mit dieser Sitte zusammenfallen. Solche tiefgreifende Sitten weisen auf einen tieferen und allgemeineren Grund hin, aus dem sie erwachsen sind. Wenn nun die Bestimmungen der Schrift mit solchen Sitten zusammenstimmen, so haben wir hier sicherlich eine Absicht, eine Zweckbestimmung der göttlichen Weisheit anzunehmen, welche uns mit scharfen Strichen die Grenzlinie des Erlaubten und Schicklichen im höheren Sinn des Wortes zieht. Endlich drittens hängt dieses Verbot innig mit dem Erbschaftsrecht zusammen, und dieses wirft ein Licht auf die größere und geringere Nähe des Verwandtschaftsverhältnisses. Wenn nähere Erben mangeln, so fällt das Erbe an des Vaters Bruder, nicht an der Mutter Bruder. Der erstere führt vorzugsweise den Namen Dad, Onkel; er ist Löser und Erbe. Auch, um das gelegentlich zu sagen, auf die Ehe mit des Bruders Wittwe hat das Erbschaftsrecht Einfluß. Die Wittwe gehört zu dem Erbe, welches der Bruder hinterläßt, und ist dem Bruder des Mannes offenbar mit aus diesem Grund verwehrt, ausgenommen den Fall der Pflicht- oder Levirats ehe (s. darüber unten). Bei Rechtsbestimmungen nun, welche einen göttlichen Urheber haben, wird man keine Willkür annehmen wollen, sondern den Grund in der Natur der Sache, in realen Verhältnissen zu suchen geneigt sein. So wird man also wol mit Sicherheit schließen dürfen, wer als Erbe näher steht und einen größeren Anspruch hat, der steht auch in einem näheren Verwandschaftsverhältnis, folglich ist der Bruder des Vaters, als des Familienoberhauptes, dessen Kindern näher verwandt als der Mutterbruder. Wir hätten also in dieser Auseinandersetzung wenigstens soviel gewonnen, daß wir sehen, es gibt wirkliche Unterschiede zwischen Verwandtschafsgraden, die wir, von außen angesehen, als ganz gleich zu betrachten gewohnt sind; es gibt Grenzlinien in dem Verbotenen und Erlaubten bei der Ehe, die feiner sind als unsere Vernunftschlüße aus der bloßen Aehnlichkeit (Analogie), wenn wir auch nicht mit einleuchtenden Gründen immer darthun können, warum gerade hier die Grenze gezogen ist. Auch ist damit soviel erreicht, daß wir die Verbote der Heirathen in der Schwägerschaft, also mit des Bruders Wittwe und des Vaters Bruders Wittwe, nicht bloß als in den jüdischen Sitten und in dem speciellen jüdischen Erbrecht gegründet, sondern als allgemeine, alle Menschen verbindende Ordnungen Gottes ansehen lernen. Denn haben diese letzteren Bestimmungen auch unläugbar eine nationale Ausprägung und hängen mit Civilgesetzen der Juden zusammen, die uns nicht mehr angehen, so liegt ihnen doch etwas allgemein Menschliches zu Grunde, nämlich die Bestimmung, ob in dem einen Fall ein näheres Verwandtschaftsverhältnis nach dem göttlichen Urtheil vorhanden sei als in dem anderen, und wo nach demselben göttlichen Urtheil die nicht überschreitbare Grenze des Schicklichen zu ziehen sei.

3) Die Ehe zwischen Nichte, Bruder oder Schwester Tochter und Oheim, ist in der Schrift nicht verboten, während die Ehe zwischen Tante und Neffen verboten ist. Beide Fälle stehen sich rücksichtlich des Verwandtschaftsgrades gleich. Nichte und Onkel sind einander ebenso verwandt wie Neffe und Tante. Nichte und Neffe sind dem Onkel in gleicher Weise verwandt. Da nun die Ehe zwischen dem Neffen und der Frau des Oheims nicht gestattet ist, warum soll die Nichte und der Oheim selbst sich heirathen dürfen. Troß der scheinbaren völligen Gleichheit muß man gleichwol einen Unterschied annehmen, wenn es auch hier schwieriger ist, denselben aufzuzeigen. Daß ein Unterschied in dem beiderseitigen Verwandtschaftsverhältnis bestehe, darauf weist schon die Sitte bei den Hebräern, daß man die Tante ohne Schleier sehen durfte, die Nichte nicht. In der Anschauung des Morgenländers war also die Nichte für eine weitläufigere Verwandte gerechnet, als die Tante. In den oben genannten Fällen hat das Geschlecht einen Unterschied gemacht. So wird auch hier dasselbe in Betracht gezogen werden müßen. Der Mann ist es, der zur Ehe fordert, das Weib ergibt sich nur, darum werden die Eheverbote nur an jene gerichtet. Indem der Neffe des Vaters oder der Mutter Schwester zum Weibe begehrt, verletzt er dadurch fleischlich die Pietät, die er den Eltern schuldig ist. Anders ist es, wenn der Oheim die Nichte heirathet, da verletzt er keine Pietät weder gegen die Nichte, noch gegen die Eltern. Von der Nichte selbst wird es wegen der Passivität ihres Geschlechts in ihrer Stellung nicht als Impietät gegen die Eltern angesehen. So spricht sich ein Ausleger darüber aus, ohne daß es für mehr als ein Erklärungsversuch angesehen werden kann.

Dieser Umstand macht das allgemeine Resultat, das wir gewonnen haben, nicht unsicher, sondern bestätigt es vielmehr. Das, warum es sich hier handelt, ist, daß die Schrift feinere Unterschiede bei Verwandtschaftsverhältnissen macht, die wir als gleich ansehen; ob wir beim einzelnen Fall aufzeigen können, worin der specifische Unterschied liegt, daran ist nichts gelegen.

Einige andere in der Schrift nicht verbotene Ehen, die weniger Schwierigkeit bieten:

4) Die Ehe mit der Wittwe des Neffen ist in der Schrift nicht verboten, sie folgt von selbst daraus, daß die Ehe mit der Nichte erlaubt ist.

5) Die Ehe zwischen des Mannes Schwester und der Frau Bruder. Wenn der Mann seiner Frau Schwester heirathen darf, so ist es noch vielmehr erlaubt, daß seine Schwester den Bruder seiner Frau heirathen darf.

6) Die Ehe zwischen der Schwester der Frau und dem Bruder des Mannes. Hier gilt, was bei 5).

7) Die Ehe zwischen Geschwisterkindern.

Daß man bei den Bestimmungen der Schrift nicht allgemeine Vorschriften, an einzelnen Beispielen klar gemacht, sondern die einzelnen Fälle mit bestimmten, namentlich genannten Personen vor sich habe, dafür zeugt auch der Umstand, daß für die einzelnen Fälle für jeden eine besondere Strafbestimmung angegeben ist 3 Mos. C. 20, die genau der Verschuldung angepaßt sind und bei welchen sich eine Stufenfolge von Strafen erkennen läßt, die durch die größere oder geringere Nähe der Verwandtschaft oder sonst durch erschwerende Umstände bestimmt werden. Auf den verbrecherischen Umgang mit der Stiefmutter, Schnur, Schwieger, Schwester wird die Todesstrafe, in einem Fall sogar der Feuertod, gesetzt, beide Theile sollen ausgerottet werden. Bei dem Umgang mit der Mutter oder des Vaters Schwester heißt es allgemeiner, „sie sollen ihre Missethat tragen.“ Bei der Ehe mit der Bruders Wittwe und der Vater Bruders Wittwe heißt es, sie sollen „kinderlos sein“, „kinderlos sterben“; da stirbt das Geschlecht aus, dort wirds gewaltsam ausgerottet. Bei diesen Bestimmungen gilt, was eben schon bemerkt wurde. Weil diese Vergehungen bürgerliche Folgen und Strafen nach sich zogen, die bei uns nicht mehr angewendet werden, daraus darf man nicht den Schluß machen, daß die Strafen nicht mehr zu Recht bestehen, und daß deswegen auch die Gesetze bloß den Juden gelten, nicht uns. Es ist wahr, daß alle diese Gesetze einen speciell jüdischen Charakter haben. Aber sie haben nicht bloß diesen, sondern einen allgemein sittlichen zur Unterlage, und wer solches thut, was hier verboten ist, bleibt nach dem göttlichen Recht und vor Gottes Gericht strafbar und wird als ein todeswürdiger Verbrecher angesehen und nicht würdig geachtet, unter dem Volk Gottes als ein Glied zu leben oder sein Geschlecht fortzupflanzen. Wenn die Strafe für uns jetzt nicht mehr so vollzogen wird, wie im Alten Testament, so bleibt doch die Strafwürdigkeit vor Gott, ähnlich wie beim Ehebruch.

Man könnte auch noch auf die große Mannigfaltigkeit des Ausdrucks hinweisen, wodurch die Verwerflichkeit dieser Sünden bezeichnet wird. Bei etlichen Fällen steht das Wort Thebel „unnatürliche Vermischung“ (Luther Schande) 3 Mos. 20, 12, in andern Simmah „Unzucht, Buhlerei“ (Luther Laster) 3 Mos. 20, 14, in andern Chesed „Ausartung der Liebe, Geilheit“ (Luther Blutschande) 3 Mos. 20, 17. Bei des Bruders Frau heißt es treffend, sie ist ihm Niddah „unnahbar, unberührbar“, ein Ausdruck, welcher einen Ausnahmsfall, wie bei der Leviratsehe, wol zuläßt. Wenn gleich jeder an diesen Ausdrücken etwas hat, was auch auf die andern Fälle paßt, so ist er doch für den treffenden Fall bezeichnend und offenbar mit Absicht gewählt. Somit könnte man vielleicht auch bei der Bezeichnung der Schuld wie bei der Bezeichnung der Strafe an eine Charakterisirung der einzelnen Fälle denken. Der allgemeine Charakter, der ihnen beigelegt wird, ist, daß es heidnisches Wesen ist, Sünden, womit sich besonders die Cananiter verunreinigt haben, womit sie das Land verunreinigt haben, weshalb sie das Land ausspeien soll. 3 Mos. 18, 24—30.

Man sieht, es sind Bestimmungen für das Volk Gottes, nicht bloß vorübergehende national jüdische, sondern allgemein sittlichen Gehaltes. Ja wir haben es mit Grundpfeilern der sittlichen Weltordnung zu thun. Darum der große Ernst, mit dem die Sache behandelt wird. Darum können wir auch schließen, daß die Bestimmungen mit der größten Sorgfalt gegeben sein werden, so daß nicht zweifelhaft bleiben konnte noch kann, wo die Sünde anfängt. Es muß wol die Grenze mit göttlicher Genauigkeit angegeben sein in Dingen, worüber das Urtheil der Menschen so schwankend ist.

So hätten wir denn einen Einblick gethan in die Weise, wie die h. Schrift diesen Gegenstand behandelt, welche Ehen unter Verwandten nach ihr zulässig sind, welche nicht. Die gewonnene Uebersicht wird leicht überzeugen, daß dieser Theil der Gesetzgebung ein in sich geschlossenes Ganzes sei, welches nicht bloß für das auserwählte Volk Gottes im Alten Testament berechnet war, sondern auch für die neutestamentliche Zeit eine völlig ausreichende Norm und Ordnung gibt, ebenso ernst als mild und maßhaltend, da es keiner menschlichen Weisheit gelingen wird, die Grenzlinie des Erlaubten mit solchem freien Takte zu ziehen. Sich einfach an das geschriebene Wort halten, gibt dem Gewissen des Einzelnen und der Praxis der Kirche eine Sicherheit, die nichts zu wünschen übrig läßt. Das war auch im Ganzen der Sinn der Kirche je und je in alter und neuerer Zeit. Sie hat im Ganzen und Großen nach dem Geist dieses Gesetzes gehandelt.

Die alten lutherischen Kirchenordnungen stimmen mit diesem Resultate wesentlich zusammen. Denn wenn sie auch einen Auslegungsgrundsatz anwenden, der nicht richtig ist, die Gradrechnung, so geschieht das doch nicht, um den Sinn dieses Gesetzes zu schwächen, vielmehr ist die Absicht da, mit allem Ernst darüber zu halten. Daher sind sie in etlichen Punkten sogar strenger als die Schrift, daß sie die Ehe mit der Schwester der verstorbenen Frau und die zwischen Oheim und Nichte um der Folgerichtigkeit willen gleich der Ehe mit des Bruders Frau und zwischen Neffen und Tante verbieten. Dies ist der eigentliche und hauptsächliche Differenzpunkt zwischen der biblischen und kirchlichen Anschauung. Denn daß die luth. Kirche, folgend dem canonischen Recht, nur um einen Grad zurückgehend, alle Ehen bis in den 3. Grad, ja sogar 4. Grad der Verwandtschaft verbietet, ist nur ein menschliches Gehege um das Heiligtum des göttlichen Gesetzes, welches desto größere Scheu vor Ueberschreitung des letzteren wecken soll. Dessen ist sich die Kirche völlig bewußt, darum unterscheidet sie zwischen Fällen, von denen sie dispensieren kann, und solchen, von denen sie es nicht kann. Sie konnte nur in den Fällen über die Grenzlinie des Zulässigen im Zweifel sein, die wir oben bezeichnet haben. Da aber nahm sie das Sichere und fiel gerade damit in Unsicherheit, indem sie die Grenzlinie, die Gott selbst gezogen, über die hinaus kein Dispens zu geben ist, verlor, so daß ihre Praxis ebendadurch laxer wurde, als es Gottes Wort gestattet, und daß sich zwischen der strengen Fassung und der laxen Praxis ein auffallender Widerspruch herausstellt, wie wir unten weiter sehen werden.

Die Kirche glaubte im Geist dieses Gesetzes zu handeln und war im vollen Rechte, wenn sie alle Heirathen in naher Verwandtschaft verbot, als der Natur und der Sittlichkeit widerstreitend, darum ganz verboten, ein Theil zwar nicht verboten, aber zu widerrathen. Es hat die Erfahrung zu laut gesprochen, als daß man sie überhören konnte. Jeder Pfarrer kann wol in seiner pastoralen Praxis die Erfahrung gemacht haben, daß Ehen zwischen Geschwister Kindern, die nicht verboten sind in der Schrift, doch in hohem Grad zu widerrathen sind, weil die Kinder aus diesen Ehen sogar häufig blöde oder schwachsinnig werden. Aus diesen Erfahrungen sind die kirchlichen Eheverbote erwachsen, die weiter gehen als die Schrift, und man kann sie im Ganzen nur billigen und muß den mütterlichen Sinn anerkennen, mit dem die Kirche ihre Kinder vor Schaden zu behüten trachtet.

Wie schon oben angedeutet wurde, entspricht jedoch die Praxis in der luth. Kirche nicht völlig dem Ernste ihrer Ordnungen. Die Noth des Lebens und die Macht der Umstände hat oft die lutherischen Consistorien auch der bessern Zeit vermocht, ausnahmsweise in einzelnen Fällen die Grenzlinie, die das göttliche Wort vorzeichnet, zu überschreiten und zu dispensieren, wo kein Dispens ertheilt werden darf. Und dazu mußte gerade die Gradrechnung dienen. War man dahin gelangt, die Ehe mit der Schwester der Frau zu gestatten, so war in einzelnen Fällen damit auch die Möglichkeit gesetzt, weil es der gleiche Verwandtschaftsgrad ist, die Ehe mit des Bruders Frau ausnahmsweise zu gestatten, und dann war man genöthigt, dieses Verfahren mit Gründen zu rechtfertigen. Aber damit eben war unwissend die Grenze zwischen Kirchengebot und Gottesgebot überschritten. Das eine ist in der Schrift erlaubt, das andere ausdrücklich verboten. Und diese Ueberschreitung rächte sich bitter. Damit war in das Gesetz ein Loch gemacht, es war wie ein Ring, der nicht mehr ganz ist, wenn er auch nur an einer Stelle gebrochen ist.

Gerade an dieser Stelle brach der Unglaube ein, und gestützt auf die Autorität der Väter machten die ihnen ganz unähnlichen und entarteten Kinder die Ausnahme zur Regel und warfen damit das Gesetz und die Ordnung als Gottes Gesetz und Ordnung ganz über den Haufen und ließen es nur so weit gelten, als das Naturrecht, wie sie sagen, und die Vernunft es für gut und zweckdienlich finden. Und merkwürdig genug mußte die pietistische Schule auch hier, wie in andern Stücken dem Rationalismus die Bahn brechen. Man traut seinen Augen kaum, wenn der sonst lutherisch rechtgläubige Theologe Sigm. Jak. Baumgarten radicalere Grundsätze vorträgt, als der schon ganz in die Aufklärungszeit fallende Theologe Joh. Dav. Michaelis, welcher auf diesem Gebiet noch als Hauptautorität gilt und mit den in seinen beiden Schriften über das „mosaische Recht“ und das „mosaische Eherecht“ niedergelegten Anschauungen noch jetzt unsere ganze Zeit beherrscht. Die Summa derselben ist, daß er 2 Klassen in der Schrift verbotener Ehen unterscheidet. In die erste setzt er die allernächsten Verwandten, Eltern, Kinder, Enkel und Geschwister; diese zu heirathen verbietet das Naturrecht (?) und diese sind indispensabel. Die zweite Klasse von Ehen sind die mit entfernteren Verwandten, diese seien nur für die Juden verbindend gewesen, bei den Christen seien sie alle aus Vorsicht verboten, bloß menschliche Bestimmungen, darum alle dispensabel.

So ist man also auf dem Punkt angelangt, daß man dem Wortverstand der Schrift zu seinem Recht verhilft, aber nur um die Verbindlichkeit des Wortes zu leugnen und dafür die Vernunft auf den Thron zu setzen, die es besser und sicherer wissen muß, als Gottes Wort, was hier recht und erlaubt sei (!) Ein Fortschritt liegt allerdings in dem, was die pietistische Schule und nachher die Aufklärungszeit exegetisch geleistet haben. Ihre Kritik hat die Gradrechnung gründlich und für immer beseitigt. Und ihr Satz, daß Moses nicht mehr Ehen habe verbieten wollen, als die namentlich genannt sind, wird auch heute als eine von den bedeutendsten Schriftauslegern und praktischen Theologen anerkannte Wahrheit angesehen werden dürfen. Nur daß wir, mit Beseitigung der alttestamentlichen specifisch jüdischen Ausprägung, und unter Anerkennung des zu Grunde liegenden allgemein sittlichen Charakters dieser Stellen, dem Gotteswort auch für das Neue Testament seine volle verbindende Kraft wieder geben und jetzt eine völlig sichere Norm zur Unterscheidung des göttlichen Gebotes und des Kirchengebotes gewonnen haben und mit dem Ernst der Auffassung bei den Alten ihre schwankende und zum Theile laxe Praxis vermeiden können. Die alte Kirche hat recht im Ganzen, im Einzelnen hat sie vielfach geirrt. Gottes Wort allein, nicht die Tradition gibt den Ausschlag und zeigt uns den Weg einer sichern Praxis, wenn wir uns nach geschehener Verständigung einfältig im Gehorsam desselben halten. Damit sind wir auch unüberwindlich.

Man hat zum Behuf des Verständnisses bei diesen Eheverboten, um einen Schlüssel dazu zu finden, und um daran zugleich eine Norm zu haben, wie weit dieselben für uns noch verbindlich seien, nach dem Warum? gefragt und allerlei aufgebracht, die Sache zu erklären. Das ist ganz recht und es liegt ein gewisses Bedürfnis vor, bei sittlichen Vorschriften den obersten leitenden Grundsatz zu finden, unter den sich alle einzelnen Vorschriften eines gewissen Gebietes natürlich unterordnen, und woraus gewissermaßen die Nothwendigkeit derselben im Einzelnen erwiesen wird. Aber das ist Aufgabe der Theologie, die mehr oder weniger gelingen kann, aber die Geltung des klaren Wortlauts der Schrift muß davon unabhängig sein, wenn man nicht in den Fehler des Rationalisierens von neuem fallen will.

Man hat gesagt, es sei dem Menschen ein natürlicher Abscheu (horror naturalis) gegen die Ehen in der nahen Verwandtschaft eingepflanzt. Das ist unläugbar, aber ein sicherer Führer ist derselbe so wenig, wie das Gewissen ohne das geoffenbarte Wort. Daher ist es ganz verkehrt, wenn man das sogenannte Naturrecht zur Norm macht, um zu entscheiden, wie weit die Bestimmungen göttlichen Worts noch gelten sollen oder nicht. Man hat ferner gesagt, die Heirathen in der Verwandtschaft verletzten die Ehrerbietung, die man den Verwandten schuldig ist (respectus parentelae), die Verwandtenliebe. Dieser Grund wird im römischen Recht ausdrücklich genannt, und es ist unläugbar, daß die Schrift mit diesem Grund ihre Eheverbote begründet. Ueberall wird eine solche Mischehe bezeichnet als eine Verletzung und Kränkung des nächsten Verwandtschaftsverhältnisses, der Achtung, die man ihnen schuldig ist. So wie man die Sache aber gewöhnlich faßt, reicht der Grund nicht aus, denn man weiß nicht, was man mit den Personen anfangen soll, die nicht im unter- und übergeordneten Verhältnis stehen, wie z. B. bei der Schwägerschaft. Man hat ferner den Grund in einem rein leiblichen und physischen Misverhältnis sehen und das Verbot aus den nachtheiligen Folgen erklären wollen, welche entstehen, wenn sich Gleichartiges, das schon durch Geburt Ein Fleisch ist, in der Ehe auf's neue verbindet, während in der Natur das Gesetz gilt, daß sich Gleichnamiges abstößt und Verschiedenartiges anzieht. Auch daran ist etwas Wahres, aber jedermann fühlt, daß diese Erklärung weder ausreicht, noch auf einem sittlichen Grunde ruht. Noch andere haben auf ebenso niederem sittlichen Standpunkt, wie es z. B. bei Michaelis der Fall ist, in diesen Verboten bloß eine sittliche Maßregel gesehen, um das Familienleben dadurch vor Unzucht zu schützen, daß bei den in naher Gemeinschaft lebenden Familiengliedern jede Aussicht auf eine zukünftige Ehe benommen ist. Hier ist die sittliche Folge dieser Gebote mit dem Grunde verwechselt und wie bei der vorigen Erklärungsweise nicht die Schändlichkeit des Verhältnisses, sondern die Schädlichkeit zum obersten leitenden Grundsatz gemacht. Das Beste hat schon Augustin darüber gesagt. Nach ihm will Gott, daß die Liebe die Menschen durch die Bande verschiedener Verhältnisse mit einander verbinde, und nicht Einer in Einem viele hätte, sondern die einzelnen unter einzelne vertheilt würden und also zur engeren Verbindung des gesellschaftlichen Lebens möglichst viele an diesen manchfaltigen Verhältnissen Theil hätten. Vater und Schwiegervater sind Namen zweier Verhältnisse. Hat also einer einen andern zum Vater, einen andern zum Schwiegervater, so dehnt sich die Liebe weiter aus. Beides aber war der eine Adam genöthigt seinen Söhnen und Töchtern zu sein, da Brüder und Schwestern sich ehelich verbanden. Das mußte geschehen, weil es nicht anders geschehen konnte, war aber unrecht, sobald es unnöthig war und anders geschehen konnte. — Es ist also eine heilige Ordnung Gottes, wodurch die Verbreitung der Liebe in der menschlichen Gesellschaft gesichert und dafür gesorgt ist, daß das Entfernteste sich immer wieder nahe kommt, wodurch jedem engherzigen und lieblosen sich Isolieren der Familien in allen daraus hervorgehenden trüben Folgen vorgebeugt wird. Solche heilige Ordnung Gottes durchbrechen ist schändlich und ein Verbrechen. Es ist eine Unnatur zu „vermischen", was Gott getrennt haben will. Dadurch wird zugleich das heilige Institut der Ehe entheiligt, weil die geistige Seite des ehelichen Verhältnisses durch solche Verbindungen nicht zu ihrem Rechte kommt, die leibliche Seite aber nothwendig einen brutalen Charakter annimmt und dadurch zur Blutschande wird *). Ganz so Herbst christl. Ethik 6. Aufl. S. 284. Er äußert sich dahin: das Liebesverhältnis in der Familie ist doppelter Art. Bei den Ehelichen ist es ein selbstgeschaffenes und beruht ganz und gar auf Freiwilligkeit, es vollzieht sich in der rechten Geschlechtsgemeinschaft. Dagegen gibt es ein Liebesverhältnis, welches alle Geschlechtsgemeinschaft ausschließt, welches von Gott durch die Natur gesetzt, also angeboren ist, nicht in der Wahl des Menschen steht und eine angeborne Liebe und Zuneigung in sich hat. „Das ist die sittliche Bedeutung der Blutsverwandtschaft oder des Verhältnisses, in welchem das geistig-leibliche Dasein aller Gezeugten von Geburt an und zwar nach seiner natürlichen Beschaffenheit, wie nach seiner persönlichen Stellung in Abhängigkeit und Wechselbeziehung zur geistig-leiblichen Natur und der persönlichen Stellung der Erzeuger steht". „In der elterlichen und kindlichen, sowie in der geschwisterlichen Beziehung der Familienglieder zu einander liegen die Typen (Grundformen) gottgewollter Ueber- und Unterordnung, sowie rechter Gleichstellung", an welchen die Verwandtenliebe ihre Schranken hat und den Antrieb ihrer Bethätigung findet. „Aus der christlichen Betrachtung der Ehe geht hervor, daß die durch Heirat aufgenommenen Glieder des Hauses in der Familie, wie Schwiegersöhne und Schwiegertöchter, die Stellung wirklicher Kinder und wirklicher Geschwister behaupten". „Die durch Familienverwandtschaft gesetzten Schranken werden in ordnungswidriger Zuneigung aufgehoben durch Geschlechtsgemeinschaft oder Eingehen einer Ehe. Hier wird in der ehelichen Gleichstellung der Gatten eine Ueber- oder Unterordnung oder Gleichstellung verletzt, wie sie kraft des naturgemäßen verwandtschaftlichen Verhältnisses vor dem Eingehen der Ehe die einzelnen bereits mit einander verband und hiemit geschlechtlich von einander schied". Damit übereinstimmend auch Saalschütz das mosaische Recht 2. Thl. Berlin 1848. S. 775.

Bemerkenswerth ist auch und, so viel ich weiß, nicht beachtet der Umstand, daß in der h. Schrift alle Verwandtschaftsverhältnisse auf die einfachen Grundformen einestheils der Erzeuger (Vater, Mutter), der Erzeugten (Kinder, Enkel) und der

---

*) Vgl. Hengstenberg Kztg. „über die verbotenen Ehen in der Verwandtschaft". Jahrg. 1840. N. 47 ff. bes. N. 48 und 49.

Miterzeugten (Geschwister) und andererntheils der Gatten zurückgeführt werden. An denen versündigt man sich durch Eingehen von Ehen. Die Schrift begründet das Verbot so: „denn es ist dein Vater; deine Mutter; deines Vaters, deiner Mutter Tochter; deines Vaters Schwester; deiner Mutter Schwester; deines Vaters Bruders Weib; deines Sohnes Weib; deines Bruders Weib; deines Weibes Tochter oder Enkelin“. Es ist der Nachdruck immer auf die nächsten Verwandten gelegt, das gibt der Sache eine etwas andere, aber einfachere Gestalt. So wird in der Heirat mit der Tante der Vater, die Mutter um die Ehre gebracht, die man ihnen schuldig, denn die Verehelichte ist eine Miterzeugte des Vaters, der Mutter. So wird der Respect gegen den Vater verletzt in der Heirath mit seines Bruders Weib. So wird die Achtung vor dem Bruder verletzt, wenn der Bruder dessen Weib nimmt. Es wird von anderen Verhältnissen, außer bei Mutter und Schwester (und selbst bei diesen wird auf den Vater und auf Vater und Mutter gegangen) niemals gesagt, man verletze die Achtung gegen die Person, die man heirathet, sondern immer gegen die näher stehende Person. Wenn man den respectus parentelae so faßt und nicht bloß von dem Verhältnis der Ueber- und Unterordnung, sondern auch von dauernder Gleichstellung, als Achtung vor der von Gott gesetzten Schranke und vor der von Gott gesetzten persönlichen Stellung, so ist es eine Begründung, die mit der oben gegebenen völlig zusammenfällt, keine künstlich ersonnene Theorie, sondern eine einfache, klar ausgesprochene Schriftlehre. Diese Faßung wirft auch ein eigentümliches Licht auf die Ehe mit des Bruders Frau. Es ist nicht die Frau an sich, welche hindert, sondern die Pietät gegen den Bruder wird verletzt, dieser wird in seinen zartesten und heiligsten Interessen angegriffen, was auch dadurch nicht anders würde, daß derselbe damit einverstanden wäre, denn es betrifft keine Sache der freien Wahl.

Damit hebt sich auch der letzte und scheinbar stärkste Einwand gegen das Unerlaubte der Ehe mit des verstorbenen Bruders Frau auch noch für uns. Man sagt, die Leviratsehe, d. h. Ehe mit des verstorbenen Bruders (levir) Frau war dem unverheiratheten Bruder geboten, wenn jener kinderlos starb. Wenn sie nun in einem Falle sogar geboten ist, so kann sie an sich nicht strafbar, vor Gott verwerflich sein. Und, fügen andere hinzu, daraus, daß sie in dem einen Fall den Israeliten geboten ist, in allen andern Fällen verboten, sieht man, daß das Verbot auch nur den Juden gilt, für uns nicht mehr verbindlich ist, weil der Grund wegfällt.

Der Einwand hat etwas Scheinbares. Einmal muß man zugeben, und das dient wesentlich zum richtigen Verständnis der Sache, daß in der Verwandtenschaftenehe ein Stufenunterschied ist. Das ergibt sich schon aus den darauf gesetzten Strafen. Bei Eltern, Stiefeltern, Schwiegereltern und Geschwistern ist Todesstrafe und Ausrottung aus dem Volk darauf gesetzt.

Bei der Tante heißt es bloß „sie sollen ihre Sünde tragen“. Bei des Oheims Weib heißt es: „ohne Kinder sollen sie sterben“. Desgleichen bei des Bruders Weib: „sie sollen ohne Kinder sein“. In den beiden letzten Fällen besteht also offenbar die Ehe fort; bei der Tante ist keine ausdrückliche Strafe bestimmt, also wol auch keine bestimmte Strafe zu exequieren, es scheint, Gott habe sich selbst vorbehalten, wie bei den 2 letzten Fällen die Strafe zu bestimmen, wobei es ihm natürlich freisteht, nach Umständen zu handeln, und wodurch er nicht gebunden ist, in allen Fällen die Strafe in gleicher Weise eintreten zu laßen. Die 4 letztgenannten Fälle sind also offenbar minder strafbar. An der Grenze des Erlaubten, weil die Ehe mit der Schwester der Frau erlaubt ist, steht die Ehe mit des Bruders Frau. Eben deshalb können auch Umstände eintreten, wo höhere Rücksichten überwiegen, und wo eben die Liebe zum Bruder, welche sonst und im allgemeinen ein Fernhalten von seinem Weibe gebietet, es nach Gottes ausdrücklichem Wort zur Pflicht macht, eine Ehe mit ihr einzugehen. Dieser Fall tritt beim Israeliten ein, wenn er stirbt, ohne einen Sohn hinterlaßen zu haben, also sein Name und sein Gedächtnis zu erlöschen droht in Israel und an seinem Wohnort, 5 Mos. 25, 6. 7. 9. Ruth 4, 5. 10. Da fordert es die Pflicht der Liebe von dem nächsten Verwandten mit Aufopferung und unter mancherlei Nachtheilen. Er muste dabei der Fortpflanzung seines eigenen Namens durch den Erstgebornen entsagen, da derselbe eben den Namen des Verstorbenen fortpflanzen sollte, und hatte auch Unannehmlichkeiten bei dem Besitze von Ländereien. Daher suchten sich viele zu entziehen, und daher auch der Schimpf, wenn die Pflicht nicht erfüllt wurde. Vgl. 5 Mos. 35, 8—10. und Ruth 4, 6. Ein

Zwang also fand nicht statt. Aber auch die Wittwe durfte nicht anderweitig heirathen, bevor des Mannes Bruder entsagt hatte, denn der letztere gab damit auch seinen Anspruch auf das Erbe des Bruders auf. Die Familie zu bauen und den Familienbesitz zu sichern war der Grund, welcher das bestehende Eheverbot in dem Fall, aber auch nur in dem Fall, überwog; daß dies keine Anwendung auf das Allgemeine und auf christliche Zustände leidet, ist leicht zu erweisen. Zwar aus denselben Gründen, namentlich um den Familienbesitz beisammen zu erhalten und im Familieninteresse werden auch heutzutage sehr häufig solche und andere Ehen in der Verwandschaft geschlossen. Aber dies sind ausschließlich irdische Rücksichten und gehen aus selbstsüchtigem Sinn hervor. Die Familie als solche, als abgeschlossenes Ganzes hat für höhere Interessen, für das Reich Gottes, in der Zeit des neuen Testamentes keine Bedeutung mehr. Ganz anders ists im Alten Testament in der Theokratie, da stehen alle bürgerlichen Einrichtungen unter dem Gesichtspunkt der Religion, die Gesetzgebung hat nicht bloß das Gemeinwol des ganzen auserwählten Volkes im Auge, sondern die Institutionen, kirchliche und bürgerliche, sind alle getragen von messianischen Hoffnungen und sind selber Vorbilder von Zuständen, welche theils in Christo schon erfüllt sind, theils ihrer Erfüllung noch entgegensehen. Zu diesen messianischen Hoffnungen gehört der gesonderte Bestand und die Erhaltung der einzelnen Stämme und ihr gesonderter Besitz nach der von Gott selbst bewerkstelligten Austheilung des Landes. Das Erbschaftsrecht ist daher keine bloß bürgerliche Ordnung, sondern eine religiöse Reichsordnung, daher die Unterordnung einzelner Vorschriften und Ordnungen auf dem sittlichen Gebiet, wie die des Verbots der Ehe mit des verstorbenen Bruders Frau, unter höhere Reichsinteressen, die nur in diesem einzigen Fall nöthig und möglich war. Bei uns fällt dieser Grund weg, weil wir keine Juden sind und nicht in einem Staate leben, der ein priesterliches Königreich ist, in dem Gott selbst das Regiment führt und alle Gesetze und Ordnungen unmittelbar selbst gibt. Der Israelite war mit seinem Handeln an das göttliche Gesetz gebunden, und das ließ sein Gewißen nicht im Zweifel, was er in jedem Fall zu thun hatte. Lösen wir von dem Gesetz ab, was bloß für eine bestimmte Zeit und für ein bestimmtes Volk unter bestimmten Umständen Sinn und Bedeutung hat, so bleibt für uns das Verbot der Ehe mit des Bruders Wittwe als eine sittliche Anforderung des göttlichen Gesetzes an uns stehen, indem dasselbe uns in dieser Bestimmung die äußerste Grenze des Verbotenen und Erlaubten auf diesem Gebiete zeigt. Diese Bestimmung muß uns nun eben als eine göttlich gegebene Ordnung, nicht als eine willkürliche erscheinen. Sie entspricht genau der Natur der Sache, dem Verwandtschaftsverhältniß selbst. Des Bruders Frau zu heirathen, ist nicht der natürlichen Neigung anheimgegeben, ist nicht in die freie Wahl gestellt. Der Bruder steht noch zu nahe an dem gemeinschaftlichen Ursprung, und dieser soll dem Menschen als unnahbares Heiligtum selbst für seine Wünsche und Gedanken erscheinen. Und eben die Ausnahme, die Gott selbst in diesem Falle macht, ist eine Bestätigung für die Regel und ihre allgemeine Verbindlichkeit. Denn hätte Gott aus demselben Grunde, welcher die Ausnahme bewirkt, die mit so vielen Schwierigkeiten durchzuführen ist, und die der natürlichen selbstsüchtigen Neigung in den meisten Fällen widerstrebt, die Ehe mit des Bruders Frau eben so leicht freigeben können, als die Ehe mit der Schwester der Frau. So beweist sich als richtig, was ein namhafter und wol unparteiischer Rechtslehrer der Neuzeit über diesen Gegenstand im allgemeinen geurtheilt hat. „Die Eheverbote wegen der Nähe der Verwandtschaft sind mit einer so weisen Bestimmtheit gegeben, daß keine folgende Gesetzgebung sie anzutasten gewagt hat: sie sind noch heute das non plus ultra canonischer Dispensation". Gans Erbrecht. I. S. 136.

Das göttliche Wort rechtfertigt sich immer aufs neue als höchste Weisheit. Wenn sich eine in ihrer Weisheit aufgeblasene Zeit erkühnt, die ewigen Gesetze der göttlichen Weltordnung anzutasten, so kehrt eine beßere Zeit zu ihnen zurück, oder es rächt sich der Frevel an dem widerstrebenden Geschlecht. Was auch die Welt im Ganzen und Großen thun möge, der Christ kann gewis nicht anders handeln, als sich innerhalb des von Gott Erlaubten zu halten. Ist ihm ja ein Fall zweifelhaft, wie der besprochene, so darf er doch nicht den Muth haben, das zu thun, was er mit Sicherheit des Gewißens nicht vollbringen kann, wann es wie hier mit klaren Worten in der h. Schrift verboten ist. Will er sichs irgendwie zurechtlegen, so ist das seine menschliche Meinung, und wenn er für den Augenblick kein Gewißen darüber hat aus Mangel rechter Einsicht, so kann ihm jeden Augenblick das Gewißen erwachen, wenn es nicht mehr in seiner Macht steht, das zu ändern, was er gethan hat. Ein Christ wird nach der Regel handeln.

Herausgeber:
Bauer, Inspektor der Miss. Anstalt in Neuendettelsau.
C. Stirner, Pfarrer in Fürth.

Erscheint monatlich. — Preis jährlich 30 kr.

Druck und Verlag der C. H. Beck'schen Buchdruckerei in Nördlingen.

Anzeiger des Correspondenzblattes

der Gesellschaft für innere Mission nach dem Sinne der lutherischen Kirche.

(Auch als Beiblatt zu den Kirchlichen Mittheilungen aus Nordamerika.)

Nr. 1 & 2. **1861.**

Monatsrechnung bei der Gesellschaft für innere Mission im Sinne der luth. Kirche.

December. 1860.

	Einnahme.			Ausgabe.		
I. Abth. I. Aussendung und Unterhalt von Predigern rc.	fl.	kr.	pf.	fl.	kr.	pf.
A. Deutsche Zwecke:						
1. Cöln	—	—	—	—	—	—
2. Nassau	—	—	—	—	—	—
3. Baden	6	—	—	—	—	—
4. Böhmen	4	—	—	—	—	—
5. Hamburg	—	—	—	—	—	—
6. Bes. Zwecke	11	—	—	—	—	—
7. Zur Disposition . . .	—	—	—	—	—	—
	21	—	—	—	—	—
B. Für Nordamerika:						
1. Semin. in Wartburg .	—	—	—	—	—	—
2. Bes. amerik. Zwecke .	—	—	—	—	—	—
3. Zur Disposition. . .	42	12	2	—	—	—
	42	12	2	—	—	—
C. F. d. Missionsanst. in ND.	129	23	1	254	47	—
D. F. Aussend. v. Zöglingen	—	—	—	—	—	—
E. Unterstütz. des Ver. für Judenmission	—	—	—	—	—	—
F. Für Heidenmission . .	87	16	—	—	—	—
G. Z. Disp. für die Zwecke der Abtheil. I. . . .	—	—	—	—	—	—
	279	51	3	254	47	—
II. Abth. II. Schriftenverbreitung	—	—	—	—	—	—
III. Abth. III. Fürsorge für Auswanderer	—	—	—	—	—	—
IV. Abth. IV. Anbahnung der Diakonie	—	—	—	—	—	—
1. Im Allgemeinen . .	—	—	—	—	—	—
3. Blödenanstalt . . .	—	—	—	—	—	—
	—	—	—	—	—	—
V. Diakonatskc. z. Anbahnung neuer Unternehmungen .	—	—	—	—	—	—
	—	—	—	—	—	—

	fl.	kr.	pf.	fl.	kr.	pf.
Transport:	279	51	3	254	47	—
VI. Nordam. Mittheil. . . .	6	15	—	—	—	—
VII. Zur Disposition für innere Mission überhaupt . .	334	41	—	—	—	—
	620	47	3	254	47	—

Abgleichung:

Einnahme	620 fl.	47 kr.	3 pf.
Ausgabe	254 „	47 „	— „
Mehreinnahme	366 fl.	— kr.	3 pf.
Nov. Mehrausgabe	854 „	23 „	3 „
Deficit d. v. Mts.	— „	— „	— „
Deficit dieses Mts	488 „	23 „	— „

Fürth, den 10 Januar 1861. M. Löhe.

Im Monat Oktober sind bei Pfarrer Stirner in Fürth an Missionsgaben eingegangen:

I. 1. A. Deutsche Zwecke:

2. Nassau: Vorrenreuth Plank und Teufel 48 kr.

F. Für Heidenmission: Fürth Gräber 30 kr. Opfer aus dem Klingelbeutel 7 fl.

VII. Disp. f. i. Miss überh.:

Fürth Frau Ruprecht 1 fl. C. St. 1 fl. Opfer aus dem Klingelbeutel 13 fl 11 kr. Jungfrauengesellschaft 1 fl. 33 kr. Localgesellschaft Pfennigsammlung 9 fl. 30 kr. Von einem Ungenannten 3 fl. Neumühle Schaler 1 fl Door Th. Conrad 1 fl. Pf. St. von auswärtigen RM.-Gästen 1 fl. Totalsumme 42 fl. 32 kr.

Bei M. Löhe in Fürth ist im Monat November eingegangen:

Von Ibarand z. Dispos. 3 fl. 30 kr.

Im Monat December.

Von Pastor Ahlers für das Seminar Wartburg 21 fl.

Im Monat November ist bei Pf. Stirner in Fürth an Missionsgaben eingegangen:

I. A Deutsche Zwecke:

2 Für Nassau: Fürth Localgesellschaft 4 fl. 42 kr.

C. F. d. Missionsanst. in ND:

Fürth Pf. Stirner 10 fl.

D. F. Heidenm. in Nord-Amerika:

Fürth Jgfr. Bab. H. 1 fl.

VII. Z. Disp. f. i. Miss. überh.:
Fürth Frau Rupprecht 1 fl. Jungfrauengesellschaft 34 kr. Genkelsen 1 fl. 45 kr. Fr. H. 9 kr. Nürnberg Judenmiss. V. 1 fl. Deos Conrad 1 fl. Poppenr. Held 1 fl. 12 kr. Almoshof Krott als Ertrag der Pfennigsammlung der Umgegend von Fürth 33 fl. 10 kr. Totalsumma 45 fl. 22 kr.

Bei Pfarrer Geiger in Nürnberg ist im Monat November 1860 eingegangen:

I. Abth. C. Für die Missionsanst. in Neuend. Büchse N. 32 (Kachelstieß) 35 kr. Büchse Nr. 101 a 48 kr. und Büchse N. 134 (Köhler) 6 fl.
F. F. Heidenm.:
Ung. 1 fl. 30 kr. und Frl. C. B. 2 fl.
VIII. Z. Dispos. f. inn. Miss. überh:
Ung. 27 fl., Auernhammer in Sündersbühl 45 kr., Ung. 1 fl. Einlage in die wöchentl. Mohrbüchse pr. Oktober 4 fl. 31 kr., und Frl. C. B. 3 fl.

Bei Pfarrer Volk in Hüssingen ist im Monat November 1860 eingegangen:

I. F. i. Mission:
von Gliedern der Gesellsch. von hier 1 fl. 41 kr. 7 hllr. Jakob Hübler von hier 18 kr., Friedrich Huber von Bergershof 1 fl.
II. F. i. Mission:
Jakob Hübler von hier 12 kr.

Bei Gerichts-Director Alt in Neuendettelsau sind im Monat December 1860 folgende Gaben eingegangen:

A. Deutsche Zwecke:
Für den Kirchenbau in Baden: Rödisbronn drch. Pf. Hacker 5 fl.
B. Nordam. Zwecke. Zur Disposition:
Münchberg drch. das k. Decanat 4 fl. 20¹/₄ kr.
C. F. d. Missionsanstalt in ND.:
Gastw. Dittmann 1 fl., Frl. Karo 35 kr., Gg. Brunner 1 fl. 10 kr., Hoßfeld Apoth. Hartung 4 fl., dessen Kinder Miss.-B. 1 fl. 52¹/₂ kr., Schönberg drch. Carl. Schießer 22 fl., Nürnberg Fr. Enßner 1 fl., Weißenburg drch. Corr. Schmucker aus dessen Miss.-B. 10 fl., Fr. K. K. 1 fl. 45 kr., die Kinder d. Jgf. F. u. W. Weinberger'schen Indust.-Schule 3 fl., Jgfr. F. u. W. Weinberger 2 fl., L. G. 1 fl., Hersbruck drch. Fr. Müller Frauenver. 14 fl., Ung. 3 fl., Chr. Schmidt 2 fl. 20 kr., Fr. Held 1 fl. 30 kr., Ungen. 2 fl. 42 kr. u. 1 fl. 10 kr., Müller 1 fl. 12 kr., Fr. B. Goppelt 1 fl., Oecon. Schmidt 1 fl., M. Schmidt 1 fl. 20 kr., Fr. B. Kamm 48 kr., Guhermühle M.-B. 3 fl. 9 kr., Haag Fleischer 1 fl., Merkendorf Past. Seyfert 1 fl. 12 kr., Alerheim Webersdörfer 1 fl. Summa 85 fl. 43³/₄ kr.
D. F. d. Heidenmission:
Weißenburg drch. Corr. Schmucker aus dessen M.-B. 8 fl., Fr. K. K. 1 fl., Kinder der Weinberger Indust.-Schule 2 fl., F. u. W. Weinberger 1 fl.
E. Z. Disp. f. i. Miss. überhaupt:
Geslau Pf. le Viet 10 fl., Hoßfeld Apoth. Hartung 1 fl. 15 kr., Kefelsdf. Lehrer Luß 18¹/₂ kr., Nördlingen Lehr. Müller 30 kr., Windsheim Gerb. Krönlein 2 fl., Pfofeld Wellmer M.-B. 1 fl. 27 kr., Greiz 2 fl. 36 kr., Rödisbronn drch. Past. Hacker 4 fl. 38 kr., Aha drch. Pf. Wucherer 6 fl. 30 kr., Gunzenhausen Fr. Landr. Richter 2 fl., Weißenb. drch. Sen. Sommer C. Angelb. 42 kr., Mittelbach Oecon. Joh. Arnold 25 fl., Greiz Reißmann 1 fl., Bechofen G. M. Meier 30 kr., Rohr C. Meier 30 kr., ND. Neuwert 36 kr., Spf. 4 fl. 39 kr., Ung. 1 fl. u. 2 kr., Altdorf drch. J. Dolinger Conr. Görgel 1 fl. 10 kr., Büttn. Zentner 1 fl. 12 kr., Prakkenfels Fr. Bräunlein 1 fl. 10 kr., Weißenb. Schuhm. Ehrlein 2 fl. 20 kr., Bettelsheim Gbr. Meßthaler 2 fl. 21 kr., M.-D. Nr. 13 1 fl. 30 kr., Stetten b. Neudietend. P. Wesselhöft 3 fl. 30 kr. Summa 79 fl. 26¹/₂ kr.
Materialgaben: Nürnberg 1 Schachtel Aepfel für die Zöglinge zu Weihnachten. Reuth Seiz mehrere Säcke Aepfel zu gleichem Zweck.

Im Monat December 1860 ist bei Pfarrer Stirner in Fürth an Missionsgaben eingegangen:

I. 1. F. F. Heidenmission in Nordamerika:
Großgründlach drch. Pf. Weigel aus dem Klingelbeutel 2 fl. 53 kr., aus der Büchse im Pfarrhause 43 kr., als Gabe des Dankes aus der Pfarrei Gr. Gründlach 20 fl., Wetzendorf drch. Conrad Eippel 3 fl. 36 kr., von Johann Hollenstelner 18 kr., Fürth Opfer aus dem Klingelbeutel 1 fl. 38 kr. Summe 29 fl. 6 kr.
VII. Z. Disp. f. i. Miss. überh.:
Fürth Frau Rupprecht 1 fl., von auswärt. A. M.-Gäste 30 kr., wöchentliche Pfennigsammlung 17 fl. 52 kr., Opfer aus dem Klingelbeutel 10 fl. 48 kr., Steinach von Weiler 1 fl. 30 kr., Großgründlach drch. Pf. Weigel 2 fl. Summa 33 fl. 38 kr. Totalsumma 62 fl. 44 kr.

Bei M. Löhe in Fürth ist im Monat December eingegangen:

Von Kunigunde Geldenfaden in Altenfittenbach zur Disposition Büchse Nr. 17 9 fl. 20 kr., von Herrn Pastor Ehlers in Liegnitz als Sammlung für Herrn Prof. Sigmd. Fritschel von der Wartburg 21 fl.

Bei Pfarrer Geiger in Nürnberg ist im Monat December 1860 eingegangen:

I. A. 5. Für Böhmen. Durch Dendtel von Bergmeister 3 fl.
B. 3. Z. Disp. f. Nord-Amerika:
Von Pf. Fischer in Artelshofen 13 fl. 30 kr.
C. Für die Missionsanstalt in ND.:
Durch den Central Miss.-Verein von Laubendorf 12 fl. 3 kr., drch. Dendtel Ersatz für Koststische der Missionszöglinge pr. Lanz, und Allerh. von Bergmeister Kiefer 3 fl. 38 kr., pr. Allerh. von Heinr. Scheller 2 fl., von Bäckerm. Fr. Beck 2 fl. 12 kr., und v. Kutscher Maier 1 fl., durch dens. Beiträge pro Aug., Novembr.

2 fl. 36 kr und von W. in W. 48 kr., drch. dens. Büchse Nr. 276 17 fl. 2$^{3}/_{4}$ kr. und Nr. 49 2 fl. 20 kr.

F. f. Heidenmission:
Durch den Central-Missions-Verein 6 leinene Hemden von Windsheim.

VI. Für nordam. Mittheilungen:
Durch Schrag von Pf. Wunderlich in Schwarzenbach 2 fl. 48 kr. u. von Pf. Besenbeck dahier 1 fl. 48 kr., drch. Deubiel 1 fl. 39 kr.

VIII. Z. allgem. Disposition:
Durch Kiefer Einlage in die wöchentl. Nahabüchse pro Nov. 6 fl. 53 kr., drch den Central-Missions-Verein dahier von Münchberg 93 fl. 37 kr., drch. Mühlbesitzer Fiebu von dem Localverein Hersbruck 8 fl. 40 kr. Summa 175 fl. 32$^{3}/_{4}$ kr.

Im Monat December 1860 ist bei Pfarrer Volk eingegangen:

I. Für äußere Mission:
Schachameyer sen. 2 fl., Rosenbauer (Missionsb.) 1 fl. 29 kr., Leonhard Oberhauser 1 fl., im Klingelsäcklein waren 24 kr.

II. Für innere Mission:
In der Missionsb. im Pfarrhause waren 9 fl. 42 kr., Herlein von hier 30 kr., Schachameyer sen. 1 fl., von den Gliedern d. Gesellsch. f. i. Miss. 4 fl. 34$^{1}/_{2}$ kr., Kühl und Wachfeld 24 kr., Gottfried Beck von hier 1 fl. 30 kr., von mehreren Glied. d. Ges. 46 kr., Kraft Schneiderm. 30 kr., Andreas Hübler 24 kr., Dorner 36 kr., Michael Beck, Dienstknecht 15 kr., von den Gliedern der Ges. 1 fl. 52$^{3}/_{4}$ kr., Michael Kreß, Bauer 24 kr.

An Wäsche im Monat Januar 1861 bei Frl. Johanna Roth in Steinach:

$^{1}/_{2}$ Dzd. Hemden drch. Hr. Pfr. Geiger in Nürnberg. 1 Dzd. Hemden, 5 bunte Sacktücher, 3 Halsbinden von Frl. v. Unold in Georgensgemünd.

Monatsrechnung bei der Gesellschaft für innere Mission im Sinne der luth. Kirche.

Monat Januar.

I. Abth. I. Aussendung und Unterhalt von Predigern rc.	Einnahme. fl.	kr.	pf.	Ausgabe. fl.	kr.	pf.
A. Deutsche Zwecke.						
1. Cöln	—	—	—	—	—	—
2. Nassau	—	—	—	—	—	—
3. Baden	2	18	—	—	—	—
4. Böhmen	4	12	—	—	—	—
5. Hamburg	—	—	—	—	—	—
6. Besondere Zwecke	13	—	—	11	—	—
7. Zur Disposition	—	—	—	—	—	—
	19	30	—	11	—	—
B. Für Nordamerika:						
1. Seminar in Wartburg	13	36	—	85	25	—
2. Bes. amerik. Zwecke	—	—	—	—	—	—
3. Zur Disposition	—	—	—	—	—	—
	13	36	—	85	25	—
C. Für d. Missionsanst. in Neuendettelsau	217	38	1	255	31	2
D. Für Aussend. von Zöglingen	362	33	—	—	—	—
E. Judenmission	1	—	—	—	—	—
F. Für Heidenmission	99	6	—	152	46	—
G. Z. Disp. für die Zwecke der Abtheil. I.	—	—	—	—	—	—
	713	23	1	504	42	2
II. Abth. II. Schriftenverbreitung	—	—	—	—	—	—
III. Abth. III. Fürsorge für Auswanderer	—	—	—	—	—	—
IV. Abth. IV. Anbahnung der Diakonie	—	—	—	—	—	—
1. Im Allgemeinen	—	—	—	—	—	—
2. Blödenanstalt	—	—	—	—	—	—
	—	—	—	—	—	—
V. Diakonatscasse zur Anbahnung neuer Unternehm.	—	—	—	—	—	—
VI. Nordamerikanische Mittheilungen	32	24	—	251	22	—
VII. Zur Disposition für inn. Mission überh.	115	46	2	2	54	—
	861	33	3	758	58	2

Abgleichung:

Einnahme	861 fl.	33 kr.	3 pf.
Ausgabe	758 „	58 „	2 „
Mehreinnahme	102 fl.	35 kr.	1 pf.
Mehrausgabe	— „	— „	— „
Deficit d. v. Mts	488 „	23 „	— „
Deficit dieses Mts.	385 „	47 „	3 „

Fürth, den 2. Februar 1861. M. Löhe.

Bei Director Alt in Neuendettelsau sind im Monat November folgende Gaben eingegangen:

A. Deutsche Zwecke:
Für Lutheraner in Preußen: Mkt. Einersheim: Pfr. Seybold 11 fl., Ansbach: Bez. R. Hommel 2 fl. Für Baden. Appetshofen: Gem. drch. Pfr. Sartorius 1 fl. 30 kr., für den Kirchenb. z. Ispringen von ders. 48 kr. Für Böhmen: Appetshofen Gem. drch. Pfr. Sartor. 1 fl. 30 kr., für Past. Molenar Ansb. Bez. R. Hommel 2 fl. 42 kr.

B. Nordamerik. Zwecke. Für Jowa.
Memmingerberg Fr. Jackler 30 kr., Stuttgart drch. Th. Liesch. L. T. 2 fl. 42 kr., M. 5 fl., Familie L . . . . g 5 fl. 24 kr.

C. Missionsanstalt:
Weißenbronn drch. d. k. Pfarramt 3 fl. 20$^{1}/_{4}$ kr., R. D. Muschler 1 fl., Epiphan.-Gaben 32 fl. 10 kr., Geißeldr. 2 fl., B. Lingemann 24 kr., Ung. 1 fl. 24 kr., desgl. 21 kr., M. Bog. 6 kr., Verw. Oechsle

1 fl. 30 kr., Koch 1 fl., Fr. Schmidt Erlös für einen Schmuck 19 fl., aus der M.-B. der kl. Schule drch. Lehr. Bezlh. 1 fl., Neuth Privbau.gaben 5 fl. 42 kr., Wernsbach desgl. 2 fl. 45 kr., Haag desgl. 1 fl., Bechofen desgl. M. Reuter 2 fl. 42 kr., Heilsbronn Roth sen. 12 kr., Fr. Schwab 12 kr., Leidinger 12 kr., Ansbach drch. V. W. 30 kr., Rothenburg Pfr. V. Kobs 45 kr., Mühlobrenn Schröbel 42 kr., u. 27 kr., Ertenbrechtshofen Thürauf 1 fl. 45 kr., Andr. Riedel 1 fl. 10 kr., Birkenhof Schaltenberg 30 kr., Forst drch. Pfr. Fischer von Pfarrkind. 14 fl. 11 kr., Ruxveredf. M. Pfeiffer M.-B. 1 fl. 6 kr., Rosenberg J. Lang 18 kr., Neubrunn Wolfg. Kritt 2 fl. 24 kr., ders. M.-B. 7 fl. 54½ kr., Rügland J. Stahl 1 fl. 45 kr., Adelmannsdf. K. Kronberger 2 fl., Leonh. Weber 3 fl. 18 kr., Retblach Müll. Seitz 1 fl. 10 kr., Haasgang Gg. Lang. Schäf. 2 fl. 30 kr., Georg Popp 10 fl. 48 kr., Weißenburg drch. Corr. Schmucker aus dessen M.-B. 3 fl. 30 kr., Fr. u. Jgfr. Miss.-V. 5 fl., Frankfurt a. M. 1 fl. 27 kr., Stuttgart drch. Th. Liesch. M. 5 fl., Jüngl. B 4 fl., N. N. 7 fl., L. T. 5 fl. 24 kr., Fam. L...g 5 fl. 30 kr., Nördlingen Condit Baumann 2 fl. 12 kr., Weikendorf Jäcklein M.-B. 2 fl. 23½ kr., Appetshofen Gem. drch. Past. Sartorius 15 fl. 30 kr., Hannov. Lef. 15 kr., Beerfelden Pfr. Müller 21 fl. Summa 207 fl. 25½ kr.

D. Aussendung von Zöglingen:
Rothenburg a. T. Friesenitz 2 fl., Stuttgart drch. Th Liesch. L. F. 5 fl., Familie L...g 5 fl. 33 kr., Summa 12 fl. 33 kr.

E. Judenmission:
Weißenburg Jgfr. F. u. M. Weinberger 1 fl.

F. Heidenmission:
N. D. Fr. Pfr. Delnzer 30 kr., Weißenburg drch. Corr. Schmucker aus dess. M.-B 3 fl. 30 kr., Fr. Schneider 1 fl., Jgfr. Car. Raab 2 fl., Jgfr Aug. Eberl 1 fl., Jgfr. C. Fleischmann 1 fl., Rebr Meier 18 kr., Münchberg Frauen-Miss.-Kränzch. drch. Pfr. Keßler 21 fl. 15 kr., Dresden drch Buchhändl. Naumann 11 fl. 22 kr., Glauchau M.-B. der Kleinkindsch. 1 fl. 45 kr. Summa 47 fl. 40 kr.

G. Nordamerikan. Mittheilungen:
Nürnberg Frl. Suß..er 2 fl., Forst Past. Fischer 1 fl. 12 kr., Immeldorf 2 fl., Regensburg Oestreicher 12 fl., N. D. 9 fl. 36 kr., Diac.-Anst. 2 fl. 48 kr., Memmingerberg 1 fl. Summa 30 fl. 36 kr.

H. Allgem. Dispositions:
Memmingerberg Fr. Hulth 1 fl., Frl. v. Knold 1 fl. 24 kr., Fr. Fackler 30 kr., Kellerbach Wittwe Herbst 3 fl. 30 kr., Bopfingen Fr. Maurer 4 fl. 20 kr., Auernheim drch. Pfr Wolf Linsenbühler 1 fl., N. D. Ger. D. Alt 10 fl., Fürnheim drch. Pfr. Nöbel 13 fl. 12 kr., Krögelstein Pf. K. Pöhlmann 1 fl. 13 kr., Kulsheim Pfr. Meißner 54 kr., Bronn Pfr. Knopf 54 kr., Leutersdorf Morneck 15 kr., Dresden drch. Buchhändl. Naumann 11 fl. 23 kr., Loulsmühle M. Hubinger Ertrag eines Krautbeetes 2 fl. 3 kr. Summa 51 fl 38 kr.

Bei Pfarrer Stirner zu Fürth ist im Monat Januar 1861 eingegangen:

I. F. Für die Heidenmission in Nord-Amerika von einem Ungenannten: 2 fl. 20 kr.

VII. g Disp. f inn. Miss. überh.: Fürth Fr. Rupprecht 1 fl. Von Kim. Heinrichs Kinder in einer Hausbüchse 1 fl. 36½ kr. Von Otto Hausbüchse 2 fl. 48 kr. Von Marg. Weißmann 30 kr. Von Bub Hausbüchse 1 fl. 27 kr. Lece Conrad 1 fl. Bach Käferstein Hausbüchse 2 fl. 46 kr. Großgründlach drch. Pfarrer Weigel 7 fl. Summa 18 fl. 9½ kr. Totalsumme. 20 fl. 29½ kr.

Im Januar 1861 ist bei W. Löhe eingegangen:

Von der Lokalgesellschaft Erlangen zur Disposition für innere Mission. .	12 fl.	— kr
Von Herrn Ed. Ott in Fürth desgl.	5 „	7 „
„ Frl. Marg. Ott in Fürth desgl.	2 „	2 „
	19 fl.	7 kr.

Bei Pfarrer Volk in Hüssingen ist im Monat Januar 1861 eingegangen:

I. Innere Mission:
Huber, Wittwe von hier 1 fl. Schachamayer jun. 2 fl. Jakob Bieber 1 fl. Jakob Haußühl 9 kr. Beck, Wittwe 21 kr. Von den Gliedern der Gesellsch. von hier 4 fl. 2 kr. Ditto 6 fl. 35 kr. Von den Gliedern der Gesellsch. von Ursheim 4 fl. 21 kr. Von der Gesellschaftsgl. von Polsingen 7 fl. 3 kr.

II. Aeußere Mission:
Joh. Mich. Föttinger von Zirndorf 24 kr. Linsenbühler von Auernheim 30 kr. Beck von hier 15 kr. Marg. Föttinger von Zirndorf 30 kr. Kühl von Wachfeld. 24 kr. Kirf von hier 15 kr.

Bei Pastor Meinel in Hamburg ist im Monat Januar eingegangen:

Von Schumacher Herve in Neuruppin 2 Thlr. pr. drch. Kreissteuereinnehmer Lehmann, von ihm selbst 1 Thlr., und von dem Gutsbesitzer Minzlaff zu Guckermühle 4 Thlr., von Hr. von Oertzen auf Kotelow (Mecklenb.) 5 Thlr., drch. Frl. von Lützow in Dobbertin (Mecklenb.) gesammelt 20 Thlr., von Fr. Gräfin Baudissin in Borstel (Holstein) 20 Thlr., drch. Hr. Past. Scharffenberg in Altona gesammelt 6 Thlr., drch. Hr. Ph. Nathusius in Quedlinburg gesammelt 21 Thlr., drch Hr. Past. Dr. Raven in Hannover gesammelt 10 Thlr., drch. Hr. Past. Roethjen in Neuruppin von B. B. 2 Thlr., von N. N. 1 Thlr., drch. Hr. Past. Pölchau in Riga pr. Wechsel 39 Rubel 50 Kopek. S., nämlich aus dem Runge'schen Kirchspiel in Liefland 26 Rubel 50 Kopek. S. und aus Riga 13 Rubel S.

Druck der C. H. Beck'schen Buchdruckerei in Nördlingen.

Anzeiger des Correspondenzblattes

der Gesellschaft für innere Mission nach dem Sinne der lutherischen Kirche.

(Auch als Beiblatt zu den Kirchlichen Mittheilungen aus Nordamerika.)

Nr. 3 & 4. 1861.

Monatsrechnung bei der Gesellschaft für innere Mission im Sinne der luth. Kirche.

Februar. 1861.

I. Abth. I. Aussendung und Unterhalt von Predigern rc.	Einnahme. fl.	kr.	pf.	Ausgabe. fl.	kr.	pf.
A. Deutsche Zwecke:						
1. Cöln	—	—	—	—	—	—
2. Nassau.	—	30	—	—	—	—
3. Baden	—	—	—	—	—	—
4. Böhmen	—	—	—	—	—	—
5. Hamburg	—	—	—	—	—	—
6. Bes. Zwecke	—	—	—	—	—	—
7. Zur Disposition . . .	4	12	—	—	—	—
	4	42	—	—	—	—
B. Für Nordamerika:						
1. Semin. in Wartburg .	—	—	—	—	—	—
2. Bes. amerik. Zwecke .	—	—	—	—	—	—
3. Zur Disposition. . .	—	—	—	—	—	—
	—	—	—	—	—	—
C. F. d. Missionsanst. in ND.	121	43	2	—	—	—
D. F. Aussend. v. Zöglingen	1	—	—	—	—	—
E. Unterstütz. des Ver. für Judenmission	1	45	—	—	—	—
F. Für Heidenmission . . .	16	16	—	—	—	—
G. Z. Disp. für die Zwecke der Abtheil. I.	2	18	—	—	—	—
	147	46	2	—	—	—
II. Abth. II. Schriftenverbreitung	—	—	—	—	—	—
III. Abth. III. Fürsorge für Auswanderer	—	—	—	—	—	—
IV. Abth. IV. Anbahnung der Diakonie	—	—	—	—	—	—
1. Im Allgemeinen . .	—	—	—	—	—	—
2. Blödenanstalt . . .	—	—	—	—	—	—
	—	—	—	—	—	—
V. Diakonatsk. z. Anbahnung neuer Unternehmungen .	—	—	—	—	—	—
	—	—	—	—	—	—

	fl.	kr.	pf.	fl.	kr.	pf.
Transport:	147	46	2	—	—	—
VI. Nordam. Mittheil. . . .	34	51	—	—	—	—
VII. Zur Disposition für innere Mission überhaupt . .	84	41	3	—	—	—
	267	19	1	—	—	—

Abgleichung:

Einnahme	267 fl.	19 kr.	1 pf.
Ausgabe	— "	— "	— "
Mehreinnahme	267 fl.	19 kr.	1 pf.
Mehrausgabe	— "	— "	— "
Deficit d. v. Mts.	385 "	47 "	3 "
Deficit dieses Mts.	118 "	28 "	2 "

M. Löhe.

Bei Gerichts-Director Alt in Neuendettelsau sind im Monat Februar 1861 folgende Gaben eingegangen:

A. Deutsche Zwecke: Nichts.

B. Nordam. Zwecke für Jowa:
Augsburg: Localges. 23 fl. 48 kr.

C. F. d. Missionsanst. in ND:
ND. Gastw. Ottmann 2 fl., Meier 30 kr., Gunzenhausen Kindermiss. V. 35 kr., Obernsees Kfm. Häpp 3 fl. 30 kr., Herrst. Pfl. Heim 2 fl. 17 kr., Lörsingen Lehrer Handleiter 1 fl., Windsbach Fr. Insp. Lehnert 5 fl., Roßstall Loc.Miss.V. drch. Pfr. Scheitberger 10 fl. 4 kr., Buschschwab. Ung. 6 kr., Mönchsdeggingen drch. Past. Nabus 25 fl. Summa 50 fl. 2 kr.

Naturalien:
$3^{3}/_{4}$ Mtz. Waizen u. $4^{1}/_{2}$ Mtz. Korn von Pfofeld.

D. F. Aussendung von Zöglingen:
Kalbensteinberg G. Dörsch 1 fl. 45 kr., Gemeindeglieder 49 fl. 53 kr. u. 20 kr. Mehrbetr. in der Geldrolle, Kirchenverst. D. Müller 25 fl. 15 kr., Past. Jubitz 25 fl., Schwarzenb. a. d. S. dch. Pfr. Wunderlich 21 fl. 15 kr., Bopfingen Fr. Maurer 2 fl., Ungen. 2 fl., Uffenheim Pfl. Käberlin 1 fl. 45 kr. Summa 129 fl. 13 kr.

F. F. Heidenm:
Augsburg Steiner 6 fl., Kehler 4 fl., Bickel 1 fl., Deisinger 1 fl., drch. Fr. Schmidt 48 kr., B. Ebr.

9 kr., Jgfr. Schmidt, Hohenstadt u. a. 9 fl. 33 kr., P. Enoper 1 fl. 30 kr., dch. Lehr. Ott 1 fl. 12 kr., dch. Lehr. Beck 9 fl. 20½ kr., dch. Lehr. Dangerlt 2 fl. 10 kr., dch. Frl. Am. 1 fl. 27½ kr. Summa 42 fl. 10 kr.

G. Nordamerikan. Mittheilungen:
Gunzenhaus. Kranß 3 fl., Windsbach Der. M. 36 kr., Wernsbach Grüber 1 fl. 12 kr., Bürglein 12 kr., Heilsbronn 1 fl. 36 kr., Sachsen Past. Günth. 12 kr., Merkendorf Link 2 fl. Summa 8 fl. 48 kr.

H. Z. Disp. f. d. Miss. überhaupt:
Augsb. Lec.ges. 35 fl. 54 kr., Bischofsheim Renner 36 kr., Wöllmer 24 kr., Schwabach Frl. Stürzenb. 1 fl., L. in N. Gesellschaftsb. 1 fl., Trochtelfingen dch. Pf. Harprecht 4 fl. 30 kr., Lörflingen Lehr. Hausleiter 2 fl., Roßstall dch. Past. Schaltberger Ler.ges. 14 fl. 2¼ kr., Meckenlohe Ungen. 5 fl., Ruppertsdorf Pfeiler 2 fl. 34 kr., Roth Fr. Triebel 30 kr., Altdorf Miss.V. des Reitungsh. 2 fl. 15 kr., Ungen. 1 fl. Summa 70 fl. 45¼ kr.

Naturalgaben:
Von Moseck, Getreidesammlung, unentgeldlich von dem Müller Bogner auf der Gutzenmühle gemahlen und überbracht, Antheil der Missionsanstalt 7½ Metz. Waizen, 9 Metz. Roggen (den Antheil der andern Anstalten s. im Diaconissencorrespondenzblatt).

Bei Pfarrer Geiger in Nürnberg ist im Monat Februar 1861 eingegangen:

I. A. Deutsche Zwecke:
7. Besondere Zwecke: Von Ulr. Maurer in Wendelstein für den Kirchenbau in Gräfow 2 fl. 12 kr. und für den in Ilvelingen 2 fl.

C. F. d. Missionsanstalt in ND.:
Dch. Himmel Missionsbüchsen Nr. 1 1 fl. 48 kr., Nr. 2 1 fl. 11 kr., Nr. 3 1 fl. 38½ kr., Nr. 4 1 fl. 20 kr., Nr. 5 2 fl. 52½ kr., Nr. 6 33 kr., Nr. 7 50 kr., Nr. 210 1 fl. 30 kr., Nr. 335 24 kr., Nr. 336 7½ kr. u. Nr. 264 20 kr., dch. Wild in Steinbühl Büchse Nr. 117 3 fl. 30 kr., dch. Schubarth Büchsen Nr. 33 1 fl. 18 kr., Nr. 83 2 fl. 11 kr., Nr. 85 48 kr., Nr. 90 55 kr., Nr. 86 30 kr. u. Nr. 84 18 kr., dch. Prankel B. der Fr. Pfr. Brügel 45 kr., dch. Klier Büchsen von J. G. K. 1 fl. 42 kr., Fr. Lindner 2 fl. 7 kr., F. St. 28 kr., Pfim. 1 fl. 32 kr., M. K. 30 kr. u. Gd. Sch. 36 kr., dch. G. Löblein von Wendelstein Büchsen Nr. 15 4 fl. 14 kr., Nr. 352 2 fl. 31 kr., Nr. 44 51 kr., Nr. 253 2 fl. 30 kr., Nr. 363 5 fl. 24¾ kr., Nr. 244 1 fl. 56½ kr., Nr. 353 2 fl., Nr. 45 45½ kr., Nr. 377 5 fl., Nr. 378 2 fl. 15 kr., von Röthenbach Nr. 243 1 fl., von Sorg Nr. 196 38¾ kr. und von Großschwarzenlohe Nr. 43 2 fl. ¾ kr., dch. Schwab in Wendelstein B. Nr. 350 (Nerreth) 43 kr., Nr. 356 (Röthenbach) 1 fl. 28 kr., Nr. 373 (ebend.) 5 fl. 19 kr., Nr. 383 (Dürrenhembach) 1 fl. 29 kr., Nr. 360 (ebend.) 54 kr., Nr. 368 (Wendelstein) 3 fl. 7 kr., Nr. 354 (ebend.) 28½ kr. und Nr. 375 (ebend.) 2 fl. 27 kr., dch. Lamotte Nr. 139 2 fl., dch. J. M. Ranzenberger B. Nr. 170 2 fl. 48 kr., und Nr. 70 36 kr., dch. Klier B. von Böttinger 34 kr., dch. dens. Jahresbeitrag der Lokalges. Nürnberg pro 1860 40 fl. 41 kr.

F. Für Heidenm.:
Von der Schule zu Hohenstadt 2 fl. und von Schullehrer Hölzel daselbst 3 fl., von Frl. C. B. 10 fl.

VII. Für nordam. Mitth.:
Durch Schrag von Pfr. Fischer in Artelshofen 2 fl. 48 kr., durch Klier 4 fl. 48 kr., durch Schubarth 1 fl., durch Prankel 4 fl. 56 kr., durch Hermann 9 fl. 39 kr., durch Ranzenberger 2 fl. 24 kr., durch Himmel 2 fl. 20 kr., durch J. M. Ranzenberger 3 fl. 32 kr., durch Jgfr. Müller in Herolsdorf 48 kr., durch Wild 2 fl. 24 kr., durch Klier von Böttinger 12 kr.

VIII. Zur allg. Disp.:
Von Artelshofen und Alfalter (darunter 5 fl. 24 kr. aus der Nähbüchse) 14 fl. 56 kr., von Schullehrer Hölzel in Hohenstadt 3 fl., von dems. Gesellschaftsbeitrag 1 fl., Einlage in die wöchentliche Nähbüchse pro Januar 3 fl. 17 kr., von J. U. Maurer in Wendelstein 7 fl. 36 kr., von dems. Gesellschaftsbeitrag pro Juli 1860 bis Februar 1861 11 fl. 45 kr., für 5 Gesellschaftskarten 1 fl.

Im Monat Februar ist bei Pfr. Stirner in Fürth an Missionsgaben eingegangen:

I. 1. A. 2. Kassan:
Von Plann und Teufel in Beyreuth 30 kr.

F. F. d. Heidenmission:
Fürth Jgfr. Sab. H. 1 fl.

VII. Z. Disp. f. d. nam. Miss. überh:
Fürth Frau Ruprecht 1 fl., Frau Fein 2 fl. Summa 3 fl. 30 kr.

Bei Pfarrer Volk in Hüssingen ist im Monat Februar 1860 eingegangen:

I. Disp. f. d. Miss. überh.:
Von mehreren Gliedern der Gemeinde Steinhard 1 fl. 42 kr., von Kühl von Wachfeld 12 kr.

II. Judenmission:
Von A. B. von hier 1 fl. 45 kr.

Bei Inspector Bauer sind für das Seminar Wartburg zur Collecte des Hrn. Prof. Fritschel im Monat Februar eingegangen:

Von der Gemeinde Schwarzenbach a. S. durch Pfr. Wunderlich 50 fl.

Bei Pastor Meinel in Hamburg ist im Monat Februar eingegangen:

Dch. Super. Dr. Schröder in Thorn von der Gemeinde Thorn u. Umgegend 11 Thlr 23 Sgr. 11 pf., von der Gemeinde Culmsee u. Umg. 3 Thlr. 6 Sgr. 1 pf., in Summa 15 Thlr. pr. Durch Past. adj. Dieter in Wernigerode von Graf Botho zu Stolberg-Wernigerode 5 Thlr., von Gräfin Adelheid Stolberg-Wernigerode 2 Thlr., von Hofprediger Rodecke nebst Frau 2 Thlr., „Tröstet, tröstet mein Volk" 1 Thlr., Sammlung der gräfl. Schloßdienerschaft 1 Thlr.

5 Sgr., von Past. Diener („Die Liebe freut sich der Wahrheit") 25 Sgr., in Summa 12 Thlr. Durch Ph. Nathusius, Herausg. des Volksblattes für Stadt u. Land 11 Thlr.

Für das Seminar in Wartburg in Nordamerika durch Pfarrer Ponsack:

Altstädt wallw. Schmidt 4 Sgr., Heinr. Linde 3 Sgr., David Zelshe 3 Sgr., Heinrich Karst 2 Sgr., Christoph Hopp 3 Sgr., Arnold Schmidt 2 Sgr., Christian H. Schmidt 2 Sgr., Johannes Schmidt 2 Sgr. 6 Pf., Friedrich Fischer 2 Sgr. 6 Sgr. Aus Gevensfeld Pf. Gröger 6 Sgr. Aus Holzhausen Heinrich Umbreit jun. 5 Sgr., Friedrich Umbreit 5 Sgr., Joh. Christoph Pabst 5 Sgr., Christian Ihm 2 Sgr., David Ernst u. Friedr. Völker 8 Sgr., Heinr. Mönch 5 Sgr., Wilh. Mönch 4 Sgr., Pf. Ponsack 10 Sgr. Amtscommissär Herzog in Arnstadt 10 Sgr., Past. Wesselhöft in Stetten 6 Sgr. Summa 3 Thlr.

Monatsrechnung bei der Gesellschaft für innere Mission im Sinne der luth. Kirche.

Monat März.

I. Abth. I. Aussendung und Unterhalt von Predigern rc.	Einnahme. fl.	kr.	pf.	Ausgabe. fl.	kr.	pf.
A. Deutsche Zwecke.						
1. Cöln	—	—	—	—	—	—
2. Nassau	19	10	—	—	—	—
3. Baden	1	10	—	—	—	—
4. Böhmen	—	—	—	—	—	—
5. Hamburg	—	—	—	—	—	—
6. Besondere Zwecke	—	—	—	—	—	—
7. Zur Disposition	—	—	—	—	—	—
	20	20	—	—	—	—
B. Für Nordamerika:						
1. Seminar in Wartburg	33	28	—	—	—	—
2. Bes. amerik. Zwecke	—	—	—	—	—	—
3. Zur Disposition	2	—	—	—	—	—
	35	49	—	—	—	—
C. Für d. Missionsanst. in Neuendettelsau	184	50	2	650	9	—
D. Für Aussend. von Zöglingen	132	13	—	—	—	—
E. Judenmission	30	34	—	—	—	—
F. Für Heidenmission	125	29	—	—	—	—
G. Z. Disp. für die Zwecke der Abtheil. I.	—	—	—	—	—	—
	529	14	2	650	9	—
II. Abth. II. Schriftenverbreitung	—	—	—	—	—	—
III. Abth. III. Fürsorge für Auswanderer	—	—	—	—	—	—
IV. Abth. IV. Anbahnung der Diakonie	—	—	—	—	—	—
1. Im Allgemeinen	—	—	—	—	—	—
2. Blödenanstalt	—	—	—	—	—	—
	—	—	—	—	—	—
	529	14	2	650	9	—
V. Diakonatscasse zur Anbahnung neuer Unternehm.	—	—	—	—	—	—
VI. Nordamerikanische Mittheilungen	58	42	—	—	—	—
VII. Zur Disposition für inn. Mission überh.	331	53	2	—	—	—
	917	50	—	650	9	—

Abgleichung:

Einnahme	917 fl.	50 kr.	— pf.
Ausgabe	650 „	9 „	— „
Mehreinnahme	267 fl.	41 kr.	— pf.
Mehrausgabe	— „	— „	— „
Defizit d. v. Mts	118 „	28 „	2 „
Bestand dieses Mts.	149 „	12 „	2 „

M. Löhe.

Bei Director Alt in Neuendettelsau sind im Monat März folgende Gaben eingegangen:

A. Deutsche Zwecke: Nichts.

B. Nordamerik. Zwecke.

Für das Seminar in Wartburg: Augsburg Stm. 4 fl. Memmingen durch Spitalverw. Mönch 6 fl.

C. Missionsanstalt:

Meuta Jgfr. Lyd Fleischmann 1 fl. 25 kr., Bayreuth durch Verw. Hildebr. Frl. Riedmüller 1 fl. 30 kr., Hersbruck von und dch. J. Chr. Schmidt 28 fl. 54 kr., Heilsbronn Roth sen. 12 kr., Schuh 12 kr., Leidinger 12 kr., Schillingsfürst M. Hörner 1 fl., Schlauersbach Schaf 1 fl., Heidenheim aus Miss.B. Fr. Oel. Seifert 8 fl., Zeugm. Riehle 5 fl., Gerberm. Lutz 4 fl. 21 kr., dessen Sohn Heinr. Lutz 1 fl., Weberm. Strasser 2 fl. 42 kr., Bäcker Högner 4 fl. 6 kr., Seilerm. Knab 2 fl. 30 kr., Oeconom Rothacker 2 fl. 39 kr., Oeconom Renner 3 fl., Maurerm. Schneider 2 fl. 20 kr., Nic. Wieth 1 fl. 48 kr., Bäckerm. Trößler 30 kr., Rentamtsgehilfe Krottenmüller 4 fl. 22 kr., Conditor Hörner 30 kr., Zeugm. Kränzlein 1 fl. 33 kr., Ziegler Joh. Brenner 1 fl., Christ. Bickel 1 fl. 27 kr., Marg. und Christ. Schattner 1 fl. 6 kr., Frau Landarztsw. Henzold 1 fl., Bäckersw. Schmidt 24 kr., Dittenheim Gg. Högner 24 kr., W. Marg. Högner 18 kr., RD. Wirth Ottmann 1 fl. Egenhausen Leonhard Kleba MB. 5 fl. 19 kr., Ungerthausen Gg. Homeier 1 fl. 10 kr. Summa 91 fl. 53 kr.

D. Aussendung von Zöglingen:

Nürnberg Jgfr. Ammon 12 kr., Frl. Sußner 48 kr., Pfofeld Renner 2 fl.

E. Heidenmission:

Dch. Past. Schmidt zu Weißheim ein Legat von 25 fl. von Joh. Mich. Kiermann zu Lehmingen, Hamburg H. Heldsmann 3 fl. 30 kr., Past. Meinel Schulmiss.B. 4 fl. 14 kr., Veitsfelden dch. Pastor

Müller von der luth. Einigung 11 fl. 40 kr., Hof drch. Prof. Laible in Nördlingen K. Angerm. 2 fl., G. Keller 1 fl. 30 kr., Chr. Kästner 1 fl., Christ. Fischer 1 fl., E. Trautner 30 kr. Summa 50 fl. 24 kr.

F. Für nordam. Mittheilungen:

Hamburg Pastor Meinel 4 fl. 54 kr., Roßstall 5 fl. 36 kr., Schwabach 1 fl., Petersaur. 48 kr.

G. Z. allgem. Disposition:

Roßmeiersdorf Andreas Zäh 30 kr., Wittwe Margaretha Wagner Miss.B. 6 fl. 20 kr., Westheim Einl. in den Kl. 9 kr. desgl. 14 kr., Wiegner 30 kr., L. Moshammer 24 kr., Fr. Kolb 36 kr., Joh. Ottenwalter 1 fl. 45 kr., Joh. Schleicher 24 kr., Reif 1 fl., Chr. Schmidt 30 kr., A. M. Rosenbauer 24 kr., H. Oberhauser 24 kr., Pfl. Schmidt 1 fl., aus dessen Hausb. 1 fl. 36 kr., Greiz drch. Cantor Tietel Ertrag v. Miss.St. 7 fl. $53\frac{1}{2}$ kr., L. W. gesam. 1 fl., Essen Fr. Recke 2 fl. 12 kr. als Erlös einer silbernen Kette, Michelstadt Oberpf. Simon 3 fl. 30 kr., Wittwe Geist 2 fl., Pappenheim Kellermann 2 fl., Hof Vogel Portoverg. 1 fl. 45 kr., Bieseld Wöllmer $17\frac{1}{2}$ kr., Renner 24 kr., N. B. Feldmeier 30 kr., Augsburg Oblr. 7 fl., Schwand Kübelein 2 fl. 42 kr., Hamburg Past. Meinel Hausb. 4 fl. 52 kr., Bayreuth Joh. Renschel 6 fl. 45 kr. Summa 61 fl. 41 kr.

Im Monat März 1861 ist an Wäsche für Mission bei Frl. Roth in Steinach eingekommen:

Altdorf drch. Herrn Julius Delzer von dem dortigen Jungfrauenkränzchen 6 Chemisetten, 8 pr. wollene Socken.

Bei Pfarrer Volk in Hüssingen ist im Monat März 1861 eingegangen:

I. Innere Mission:

Von den Gliedern der Gesellschaft für innere Mission 5 fl. $52\frac{5}{8}$ kr., aus der Missionsb. im Pfarrhause 3 fl. $56\frac{4}{8}$ kr.

II. Aeußere Mission:

Söllner, Bauer v. Pfeifhofe 18 kr., Krebs von Steinhard für die abgeh. Zöglinge 1 fl.

Nachträglich vom Januar sind bei Pfr. Geiger in Nürnberg eingegangen:

I. C. Für die Missionsanstalt in ND.:

Büchse Nr. 21 (durch Ranzenberger) 3 fl. 48 kr. und Nr. 27 4 fl. 16 kr.

F. F. Heidenm:

Von Frln. E. B. 5 fl. 30 kr.

VI. K. Mittheil.:

Drch. Schrag 1 fl. 48 kr. von Pf. Besenbeck in Nbg.

VIII. Allgem. Disposition:

Einl. in die wöchentl. Wahnbüchse pro Dezbr. v. Js. 5 fl. 30 kr. (drch. Aller).

Jahres-Rechnung pro 1860 von der Localgesellschaft Nürnberg.

Einnahmen:

1) Beiträge der Mitglieder u. Freunde:

Beck 3 fl., Böhmländer Mech. 2 fl., Dendiel 36 kr., Endiner 2 fl. 24 kr., Zehn 1 fl., Feldheimer 30 kr., Pfr. Geiger 1 fl. 48 kr., Geißelbrecht 3 fl., Gruber 1 fl. 24 kr., Haußleiter 2 fl., Herrmann 2 fl. 24 kr., Himmel 2 fl. 24 kr., Helling 1 fl. 48 kr., Heim 24 kr., Kachelrieß 1 fl. 48 kr., Köhler 2 fl. 48 kr., Aller 2 fl. 24 kr., Leinberger 1 fl. 48 kr., Lill 15 kr., Leidenbauer 1 fl., Möbus 8 fl., Rebmeyer 15 kr., Oellerich 12 kr., Prankel 2 fl. 24 kr., Preu 2 fl., Ranzenberger 3 fl., Schmidt M. 2 fl. 24 kr., Schmidt J. A. 1 fl. 36 kr., Schubarth 3 fl., Schrag 3 fl. 36 kr., Stolzenberg 24 kr., Schmauser 24 kr., Zeich 1 fl. 36 kr. Zusammen 62 fl. 36 kr.

2) Beitrag der Jünglingsgesellschaft 2 fl. 48 kr.

3) Localbüchse und Collekte 26 fl. 56 kr.

4) Correspondenzblätter 145 Expl. 72 fl. 30 kr., drch. Dendiel 18 fl. 30 kr., Endiner 3 fl. 48 kr., Herrmann 7 fl. 30 kr., Himmel 6 fl., Aller 2 fl. 24 kr., Möbus 2 fl., Prankel 5 fl. 6 kr., Ranzenberger 2 fl. 48 kr., Schrag 48 kr., Schubarth 3 fl. 36 kr., Localges. Fürth 20 kr.

5) Portoergüt. v. d. Localges. Fürth 1859 u. 1860 1 fl.

6) Mahnbüchsengelder 65 fl. 7 kr.

7) Für kirchl. Mittheil.: drch. Ranzenberger 4 fl. 24 kr. Herrmann 21 fl. 3 kr., Aller 4 fl. 48 kr., Schubarth 2 fl., Himmel 3 fl. 36 kr., Prankel 8 fl. 6 kr., Pfr. Besenbeck 1 fl. 48 kr., Bötlinger 1 fl. 6 kr., Möbus 2 fl. 24 kr., Dendiel 10 fl. 23 kr., Endiner 6 fl., M. Ranzenberger 3 fl. 32 kr., Schrag von Verschied. 14 fl. 24 kr. 83 fl. 34 kr.

8) Miss.-Büchsengelder, Kostgelder rc. drch. Aller 6 fl. 55 kr., Schubarth 12 fl., Himmel 32 fl. 43 kr., Ranzenberger 12 fl. 23 kr., Lammotte 2 fl., Prankel 13 fl. 32 kr., Dendiel 94 fl. 15 kr., Endiner 1 fl. 43 kr., Schmidt 6 fl., Guthmann 2 fl. 8 kr., Frl. Schall 5 fl. 34 kr., Kachelrieß 35 kr., Ungenannte 55 fl. 40 kr., Möbus 13 fl. 15 kr., Dendiel Kostgeld. u. i. Miss. 90 fl. 40 kr. 349 fl. 21 kr.

Ausgaben:

1) Local-Miethe v. Jahr 25 fl.

2) Oel, Lichter Dochte u. kl. Ausg. 13 fl. 5 kr.

3) Holz. $1\frac{1}{2}$ M. weich, $\frac{1}{2}$ M. hart 18 fl. 45 kr.

4) Einer Monatsversammlung bei Fuchs im Februar: für Licht und Beheizung 3 fl.

5) Porti der Korr.-Blätter 1 fl. 26 kr.

6) Ein Expl. d. Diar.-Blätter 36 kr.

7) Gesch. an J. an Weihnachten 3 fl. 30 kr.

8) Unterstützung an Schn. G. 1 fl. 45 kr.

9) Corr.-Blätter an Beck 145 Expl. 58 fl.

10) Mahngelder an d. Gesellsch. 65 fl. 7 kr.

11) An die Miss.-Anst. zu ND. 40 fl. 41 kr.

12) Kirchl. Mittheil. in ND. 83 fl. 34 kr.

13) M.-Büchsengeld. in ND., Kostg. u. i. M. 349 fl. 21 kr.

Gesammt-Einnahmen 663 fl. 50 kr.

Gesammt-Ausgaben 663 fl. 50 kr.

Nürnberg den 30. Dezember 1860.

Pfr. Geiger, Vorst. Aller, Kass.

Druck der C. H. Beck'schen Buchdruckerei in Nördlingen

Anzeiger des Correspondenzblattes

der Gesellschaft für innere Mission nach dem Sinne der lutherischen Kirche.

(Auch als Beiblatt zu den Kirchlichen Mittheilungen aus Nordamerika.)

Nr. 5 & 6. 1861.

Monatsrechnung bei der Gesellschaft für innere Mission im Sinne der luth. Kirche.

April. 1861.

I. Abth. I. Aussendung und Unterhalt von Predigern rc.	Einnahme. fl.	kr.	pf.	Ausgabe. fl.	kr.	pf.
A. Deutsche Zwecke:						
1. Cöln	—	—	—	—	—	—
2. Nassau	—	—	—	—	—	—
3. Baden	—	—	—	—	—	—
4. Böhmen	1	30	—	—	—	—
5. Hamburg	—	—	—	—	—	—
6. Bes. Zwecke	—	—	—	—	—	—
7. Zur Disposition	—	—	—	—	—	—
	1	30	—	—	—	—
B. Für Nordamerika:						
1. Semin. in Wartburg	1	—	—	—	—	—
2. Bes. amerik. Zwecke	—	—	—	—	—	—
3. Zur Disposition	—	—	—	—	—	—
	1	—	—	—	—	—
C. F. d. Missionsanst. in ND.	311	21	—	144	46	2
D. F. Aussend. v. Zöglingen	2	—	—	47	24	—
E. Unterstütz. des Ver. für Judenmission	—	—	—	—	—	—
F. Für Heidenmission	87	39	—	—	—	—
G. Z. Disp. für die Zwecke der Abtheil. I.	—	—	—	—	—	—
	403	30	—	192	10	2
II. Abth. II. Schriftenverbreitung	—	—	—	—	—	—
III. Abth. III. Fürsorge für Auswanderer	—	—	—	—	—	—
IV. Abth. IV. Anbahnung der Diakonie	—	—	—	—	—	—
1. Im Allgemeinen	—	—	—	—	—	—
2. Diakonenanstalt	—	—	—	—	—	—
	—	—	—	—	—	—
V. Diakonatsbr. z. Anbahnung neuer Unternehmungen	—	—	—	—	—	—
	—	—	—	—	—	—

	fl.	kr.	pf.	fl.	kr.	pf.
Transport:	403	30	—	192	10	2
VI. Nordam. Mittheil.	18	26	—	—	—	—
VII. Zur Disposition für innere Mission überhaupt	397	20	2	—	—	—
	819	16	2	192	10	2

Abgleichung:

Einnahme	819 fl.	16 kr.	2 pf.
Ausgabe	192 „	10 „	2 „
Mehreinnahme	627 fl.	6 kr.	— pf.
Mehrausgabe	— „	— „	— „
Bestand d. v. Mts.	149 „	12 „	- „
Bestand dieses Mts.	776 „	18 „	2 „

M. Löhe.

Bei Gerichts-Director Alt in Neuendettelsau sind im Monat April 1861 folgende Gaben eingegangen:

A. Deutsche Zwecke: Nichts.

B. Nordam. Zwecke:
Für das Seminar in Wartburg: Ungen. 1 fl.

C. F. d. Missionsanst. in ND:
Kurzenaltheim: Pfr. Bäumler 1 fl. 45 kr., Schullehr. Luff 1 fl., Ad. Böiklein 1 fl., Mich. Segmüller 36 kr., Schukm. Jac. Uhl 30 kr., Oec. Fischer 30 kr. Aha: drch. Pfr. Wucherer 5 fl. 45 kr. Theilenhofen: Jgfr. Stern 1 fl. Eib: Frl. Däll 5 fl. N.D.: Einl. im Klingelb. 47 kr. Dachsbach: Binsenscham 3 fl. 30 kr. Weißenbronn: Vik. Reinsch 1 fl. 10 kr., Unbek. 1 fl. Rohrach: Ad. Meck 2 fl. Essen: Fr. Fecke 8 fl. 45 kr. Rittersbach: Fr. Lang 13 fl. 8 kr. ND.: Loc.ges. f. i. M. 92 fl. 45 kr. Ungen. 2 fl. $51\frac{1}{2}$ kr.

D. F. Heidenm:
N.D.: Zimmerges. Hirschmann 18 kr., Ungen. drch. Pfr. Löhe 6 fl. Alfershausen: 5 fl. 18 kr. Keysserhammer: Carl Keysser 2 fl. 36 kr. Homburg: Wenzel 35 fl. Wunsiedel: Einlage in der Spitalkirche drch. Pfr. Pohland 18 fl. 9 kr., Pfr. Pohland 3 fl. Polsingen: Pfr. Buhler 1 fl. Löpsingen: aus der Schulmiss.Büchs. 1 fl. 18 kr. Summa 72 fl. 39 kr.

E. Nordamerikan. Mittheilungen:
Rügland 48 kr. Kl.-Hallsbr. 12 kr.

F. Z. Disp. f. i. Miss. überhaupt:

Ortenburg: 3 fl. 30 kr. Memmingen: U. Kurringer 1 fl. Unterampfrach: dch. Pfr. Heumann Sammelbüchse 5 fl. 44 kr., von dems. 2 fl. 18 kr. Herrnschallbach: 2 fl. 30 kr. Versch. Miss.gaben 9 fl. 58 kr. Schönberg: dch. Hofcapl. Schlosser aus der Kasse für Abendmahlsopfer 18 fl. Laubenzedel: dch. Pfr. Haas Dankopfer von Friedr. Weißer in Vögelsberg 25 fl. Fürnheim: dch. Pfr. Nöbel 14 fl. 24⁴/₈ kr. Kl.Hellsb.: Beck 3 fl. 18 kr. Gelchsheim: Andreas Erlös f. einen silb. Becher 6 fl. 12 kr. Nürnb.: Frl. Haßner Erlös für eine Broche 48 kr. Trommetsheim: Gemeinde dch. Pfr. Bächtner 100 fl. Beyfingen: Miss.B. Nr. 2 3 fl. 49⁴/₈ kr. Mohr: Meier 18 kr. Hainsingen: Gesellschaftssammlung für ¹/₄ Jahr 7 fl. 47 kr. Ursheim: dch. Gsell Sammlung in Büchs. 4 fl. 15 kr., Gg. Reiter 1 fl., Christ. Gseß 1 fl. Lehmingen: Margaretha Schachner M.B. 1 fl. 30 kr., Margaretha Straßner M.B. 1 fl. 29 kr., Kath. Kiermann 1 fl. 5 kr., Fr. Angerer 39 kr. Oettingen: dch. Maurer Marg. Reither 2 fl. 37²/₈ kr., Friedr. Beyr 1 fl. 21 kr., Conr. Hörner 2 fl. 3²/₃ kr., B. Wiesflin 51 kr., Chr. Linse 54¹/₈ kr., K. Eyrmännin 1 fl., Ronin 30 kr., Kaiser 2 fl. 1 kr., Barthelmeß 2 fl. 1 kr., Löffler 1 fl. 15 kr., Baals 1 fl. 12¹/₂ kr., Hohenberger 9 kr., L. Löpfinger 47 kr., Joh. Linse 1 fl., G. Stark 36 kr., Maurer 6 fl. 33 kr., aus dess. Werkst. 42 kr., Heinr. Herzog 1 fl. 30 kr. Steinhardt: Wagner 1 fl., für 75 Miss.Pred. v. Pfr. Fischer in Arleldh. 7 fl. 30 kr. Lechenbach: Ungen. 24 kr. Megersheim: C. Oberhäuser 44 kr. Lehmingen: Sab. Widemann 28 kr. Jnsingen: Kath. Mehr 2 fl. 6 kr. Reckingen: Probst 2 fl. 38 kr., M. Feldner 1 fl. Altentrüdingen: Fries 2 fl., M. Hinterholzer 1 fl. Haimsfarth: v. ein. Getraidesamml. 33 kr. Bösenbuslenau: G. Reck 3 fl. 14 kr. Ostheim: Fink 26 kr. Summa 267 fl. 32²/₈ kr.

Bei Pfarrer Volk in Hüssingen ist im Monat April 1860 eingegangen:

I. Disp. f. i. Miss. überh.:

Nachtrag für Monat März:

Von den Gliedern der Ges. f. i. M. von Oettingen am Sonntage Palm. 6 fl. Von Gebrüder Herrle in Oelningen 1 fl. 18 kr. Ges. bei den Gliedern der i. Mission in Hüssingen 7 fl. 47 kr. Von Reichert'schen Brautleuten 36 kr.

Im Monat April ist bei Pfr. Stirner in Fürth an Missionsgaben eingegangen:

VII. Z. Dispos. f. inn. Miss. überh:

Fürth: Fr. Rupprecht 1 fl., Frau Zimmerm. Schmidt 30 kr., von Bäckermstr. J. Heinrich 2 fl. 42 kr. Culmbach: Cantor Weikert 1 fl. 10 kr. Summa 5 fl. 22 kr.

Im Monat April ist bei M. Löhe in Fürth eingegangen:

Von Hrn. Pfr. Fischer in Arleldhofen für Dispos. Cassa VII 13 fl. 30 kr. Von Hrn. Andr. Ecifert in Hersbruck desgl. 1 fl. 24 kr. Von Hrn. J. Krauß in Gunzenhausen desgl. 10 fl. Von Hrn. Lehrer Haubleiter für Zögling Julius Stürmer 2 fl. 30 kr. Summa 27 fl. 24 kr.

Bei Pfarrer Geiger in Nürnberg ist im Monat April 1861 eingegangen:

I. Abth. I. A. 5 für Böhmen:

Von Bergm. Kiefer 1 fl. 30 kr.

C. F. d. Missionsanstalt in ND.:

Studienl. Hartwig 2 fl. 42 kr. Durch Deubler Büchsen Nr. 276 23 fl. 19¹/₂ kr., Nr. 186 4 fl. 7²/₈ kr., Nr. 263 5 fl. 16⁴/₈ kr., Nr. 232 6 fl. 3 kr., Nr. 23 2 fl. 1¹/₂ kr., Nr. 69 1 fl. 31 kr., Nr. 154 2 fl. 18 kr., Nr. 151 1 fl. 46 kr., Nr. 137 30 kr., Nr. 266 44 kr., Nr. 372 32²/₈ kr. und Nr. 350 42 kr. Durch dens. Ersatz für die Kosttische der Missionszöglinge: Marktsvorst. Merkel 5 fl. 24 kr., Kaufm. Friedr. Merkel 5 fl. 24 kr., Apoth. Merkel 5 fl. 24 kr., Studienl. Hartwig 2 fl., Hauptmann Frhr. v. Tucher 4 fl., Priv. Fleischmann 2 fl. 42 kr., Kürschner Rößler 1 fl. 30 kr., Kaufm. Wießner 1 fl., Bergm. Kiefer 1 fl. 48 kr., Kaufm. Heinr. Scheller 2 fl., Bäckerm. Friedr. Beck 2 fl. 12 kr. u. Kutscher Maier 1 fl. Durch dens. Beiträge für die M.-A. Fr. Kaufmannsg. Raum 1 fl. 12 kr., Frln. Renter 24 kr., Jgfr. Munker 24 kr., Einf. Deubler 12 kr., Ballenb. Geißlinger 6 kr. u. W. in W. 48 kr. Dch. den Central-Missionsverein Mönchsondheim 8 fl. 38 kr., Gendersdorf 3 fl., Uffenheim 3 fl. 36 kr. u. Geßlau 55 fl.

D. Aussendung von Zöglingen:

Für Stürmer: Bäckergef. Bauereisen in Gräfenberg 1 fl. und Gärtner Liebermann 1 fl.

F. Für Heidenm.:

Von dem Missionskränzchen luth. Frauen u. Jungfrauen 9 fl. u. M. Schmidt 6 fl.

VII. Für nordam. Mitth.:

Durch Himmel 2 fl. 28 kr. und durch Deubler 12 fl. 20 kr.

VIII. Zur allg. Disp.:

Durch Kiler: Einlage in die wöchentl. Nahebüchse pr. März 4 fl. 56 kr. und durch den Central-Missionsverein Feucht 24 fl., Ludwigsmoos 3 fl., Hof 3 fl. 30 kr., Regensb. 1 fl. und Oesheim 2 fl.

Monatsrechnung bei der Gesellschaft für innere Mission im Sinne der luth. Kirche.

Monat Mai.

I. Abth I. Aussendung und Unterhalt von Predigern rc.	Einnahme. fl.	kr.	pf.	Ausgabe. fl.	kr.	pf.
A. Deutsche Zwecke.						
1. Cöln	—	—	—	—	—	—
2. Nassau	—	—	—	—	—	—
3 Baden	—	—	—	—	—	—
4. Böhmen	—	—	—	—	—	—
5. Hamburg	—	—	—	—	—	—
6. Besondere Zwecke . .	1	—	—	—	—	—
7. Zur Disposition . .	—	—	—	—	—	—
	1	—	—	—	—	—

	fl.	kr.	pf.	fl.	kr.	pf.
	1	—	—	—	—	—
B. Für Nordamerika:						
1. Seminar in Wartburg	—	—	—	—	—	—
2. Bes. amerik. Zwecke	—	—	—	—	—	—
3. Zur Disposition	—	—	—	—	—	—
	—	—	—	—	—	—
C. Für d. Missionsanst. in Neuendettelsau	50	2	—	—	—	—
D. Für Aussend. von Zöglingen	84	30	—	2024	45	—
E. Judenmission	—	—	—	—	—	—
F. Für Heidenmission	—	—	—	—	—	—
G. Z. Disp. für die Zwecke der Abtheil. I.	249	58	—	—	—	—
	385	30	—	2024	45	—
II. Abth. II. Schriftenverbreitung	—	—	—	—	—	—
III. Abth. III. Fürsorge für Auswanderer	—	—	—	—	—	—
IV. Abth. IV. Anbahnung der Diakonie	—	—	—	—	—	—
1. Im Allgemeinen	—	—	—	—	—	—
2. Wittwenanstalt	—	—	—	—	—	—
	—	—	—	—	—	—
V. Diakonalscasse zur Anbahnung neuer Unternehm.	—	—	—	—	—	—
VI. Nordamerikanische Mittheilungen	—	—	—	350	—	—
VII. Zur Disposition für inn. Mission überh.	721	21	—	8	17	—
	1106	51	—	2383	2	—

Abgleichung:

Einnahme	1106	fl.	51	kr.	—	pf.
Ausgabe	2383	„	2	„	—	„
Mehreinnahme	—	fl.	—	kr.	—	pf.
Mehrausgabe	1276	„	11	„	—	„
Bestand vorig. Mts.	776	„	18	„	2	„
Deficit dieses Mts.	499	„	52	„	2	„

M. Löhe.

Bei Director Alt in Neuendettelsau sind im Monat Mai folgende Gaben eingegangen:

A. Deutsche Zwecke: Nichts.

B. Nordamerik. Zwecke.
Für das Seminar in Wartburg: Weissenburg Corr. Schmucker 3 fl. 12 kr.

C. Missionsanstalt:
Etzbach: Pfr. Rau 2 fl. 42 kr. Bestenberg: Pfr. Oppenrieder 5 fl. 24 kr. Hessen: drch. M.Z. Schnur 8 fl. N.D.: M.V. der kl. Schule 51 kr., Ad. Meier 30 kr., W. Ollmann 30 kr., aus dess Miss.V. 5 fl. Miss Ver. in Bayreuth für Eulenfeld 50 fl. Kirchenlamitz: drch. Pfr. Enck 6 fl. 44 kr. Versch. Gaben von Ungen. 4 fl. 38 kr. Heilsbronn 36 kr. Oberdachstätten: Hufnagel 1 fl. 13 kr. Durlach: Handb. des P. Eichhorn 1 fl. 45 kr. Oettingen: Steinmeier 2 fl. 28 kr. Roßstall: Legat vom Müller Eckart 50 fl. Gunzenh.: Hofer 30 kr, Goldhammer 1 fl. 10 kr. Wetzendorf: Gippel 2 fl. 42 kr. Summa 144 fl. 35 kr.

D. Heidenmission:
Bonnfelden: Pfr. Müller 11 fl. 28 kr.

E. Für nordam. Mittheilungen: Nichts.

F. Z. allgem. Disposition:
Nettingen: drch. Pfr. Schmidt 16 fl. Bayreuth: drch. E. v. A. L. R. 1 fl. 34 kr. Ansbach: Pfrv. Kleinknecht 12 kr. Louismühle: Müll. Hubinger 30 kr. Aixersdorf: Gem. drch. Pfr. Witzmüller 1 fl. 25 kr. Desmannsdorf: H Geisselbrecht 30 kr. Burgsalach: Pfenn.V. 12 fl., Gemeinde 10 fl. Greding: Knecht Stürzenbaum 2 fl. 18 kr. Innernbuch: M. Kettler 30 kr. Roßstall: Loc.ges. 7 fl. 10 kr. Kalbing: Joh. Schneider 1 fl. 18½ kr. Eberheim: von Gemeindeglied. 5 fl. 30 kr. Schopfloch: Pf.V. Kopp nebst Gaben von Confirm. 3 fl. Oberdachstetten: Unger 1 fl. 45 kr. Gunzenhaus.: Schachemeier 1 fl. Stürzelbach: Marg Jungmann 1 fl. 10 kr. Weissenbrunn: Fr. Eckstein 1 fl. 45 kr. Memmingen: drch. Insp. Bauer v. Schwarz 54 kr., Igfr. Schäffler 30 kr., Igfr. Schäffler d. Aelt. 30 kr, Frl. Bachmeier 2 fl, Bäck. Fries 30 kr., Kaufmann Schropp 30 kr., Kaufm. Grabmann jun. 3 fl., Igfr. Filschach 1 fl., Kaufm. Bachmeier 5 fl. 30 kr., Georg Bauer 4 fl. 40 kr., Ungen. 24 kr., desgl. 42 kr., Wannenwetsch 1 fl. 12 kr., J. Wegmann 1 fl. 24 kr., Fr. Zobel 7 fl., Fr. Rabus 1 fl., Verschied. 6 fl. 6 kr., Buchh. Dorn 9 fl. 20 kr. Berg bei Memmingen: Ungen. 2 fl 24 kr, drch. Pfr. Moser 7 fl. 38 kr., drch. Frl. v. Unold 12 fl. 47 kr., Einl. 3 fl. 30 kr., Joh. Rehm 1 fl. 10 kr. Wolfratshofen: Pfr. Röberlin 1 fl. 10 kr. Oettingen: drch. G. Wegm. 48 kr. Nördlingen: Miss V. der Krippenanst. 1 fl. 48 kr., Winter Miss.V. 10 fl. 13 kr. Appelshofen: Gem. drch. Pfr. Sartorius 7 fl. 21 kr., Einlage bei der Gesellschaftsvers. 12 fl. 50 kr., Frl. Sartorius 3 fl. 30 kr. Nördlingen: Sonntagskränzch. 3 fl. Lauben: drch. Pfr. Dietlen 19 fl. 29½ kr. Kriegried: drch. Pfr. Lindner 6 fl. Summa 207 fl. 48 kr.

Bei Pfarrer Volk in Hüssingen ist im Monat Mai 1861 eingegangen:

I. Innere Mission:
Von M. G. Föttinger in Zürndorf 24 kr. Von den Gliedern d. l. Miss in Hüssingen 3 fl. 15½ kr. Hödenberger v. Pfeifhof 9 kr. Vorsteher Hübler in Hüss. 1 fl., an Pfingsten ges. 2 fl. 36 kr., desgl. 25 kr. Joh. Kübl v. Ostheim 30 kr. Ges. bei den Gliedern der l. Miss in Hüss. nebst Einlage des Gutmann'schen Brautpaares v. Zürndorf 4 fl. 27¼ kr.

Bei Pfr. Geiger in Nürnberg ist im Mai 1861 eingegangen:

I. C. Für die Missionsanstalt in ND.:

Durch den Central-Missionsverein: Windsbach 17 fl. 4 kr., Kleinlangheim 13 fl. 52 kr., Hof 2 fl. 42 kr., Nügheim 2 fl. 42 kr. u. Leutershausen 5 fl. 12 kr.

D. F. Aussendung von Zöglingen:

Durch den Central-Missionsverein für den Missionszögling Vogtherr Neustadt a. A. 80 fl.

VI. N. Mittheil.:
Durch Prankel 2 fl. 38 kr.

VIII. Allgem. Disposition:

Durch den Central-Missionsverein: Bürglein 10 fl., Ansbach 74 fl., Thurnau 10 fl. 42 kr., Nördlingen 8 fl. 6 kr., Pommersfelden 2 fl., Wassertrüdingen 21 fl., Roth 12 fl. 30 kr., Nürnberg 27 fl. 54 kr., Talzenbach 2 fl. 42 kr., Ammerndorf 7 fl. 57 kr., Herrnsheim 25 fl., Creußen 6 fl. 19 kr., Feuchtwangen 39 fl. 9 kr., Hof 14 fl. 24 kr., Amorbach 7 fl., Münchaurach 5 fl., Wunsiedel 36 fl. 16 kr., Schwabach 11 fl. 1 kr., Leipheim 1 fl. 30 kr., Rothenburg 9 fl. 30 kr., Neustadt a. A. 18 fl. 26 kr., Thurnau 3 kr., Lauben 8 fl., Oesdelm 2 fl. 20 kr., Nügheim 15 fl., Seibelsdorf 2 fl., Insingen 24 fl. 6 kr., Leutershausen 1 fl. 21 kr., Hersbruck 111 fl. 10 kr., Münchberg 81 fl. 46½ kr., Gunzenh. 83 fl. 23½ kr., Culmbach 13 fl. und Heroldsberg 3 fl. Durch Fehr Pfennigsamml. der Bezirksgesellschaft Hersbruck 6 fl.

Im Monat Juni.

I. C. F. d. Missionsanstalt i. ND.:
Büchse des Vergnettensabr. Landgraf 1 fl. 38 kr.

F. F. d. Heidenmission:
Frl. C. V. 2 fl. und K. W. in N. (zur Nachfeier des diesj. Missionsfestes in Nbg.) 50 fl.

VIII. Z. Disp. f. Pfr. Löhe:

Einlage in die wöchentl. Nahnbüchse pr. April 6 fl. 59 kr. und pr. Mai 4 fl. 30 kr. Für eine Gesellschaftskarte 12 kr. Summa 65 fl. 19 kr.

In dem Monat Mai 1861 ist bei Pfarrer Stirner in Fürth an Missionsgaben eingegangen:

I. 1. C. F. d. Missionsanstalt in ND.:
Artelshofen: von Pfr. Fischer 8 fl. 30 kr.

F. F. Heidenm.:
Fürth: v. Joh. Ottmann 1 fl.

VII. Z. Disp. f. i. Miss. überh.:

Fürth: Frau Rupprecht 1 fl., Mulzer 30 kr., v. auswärtigen Beichtkindern 1 fl. Almoshof: G. Knott Pfennigsammlung der Umgegend 19 fl. 48 kr. Kleinreuth: Bergold 1 fl. 45 kr. Summa 25 fl. 3 kr.

Bei M. Löhe in Fürth ist im Monat Mai 1861 an Gaben eingegangen:

Durch Hrn. Pfeil in Ursheim für Bredow 2 fl. Vom Localverein Fürth durch den Centralverein f. Heidenmission 215 fl. Durch Hrn. Stud. Theol. J. Eckert für die Dispos.-Casse 9 fl. Dch. Hrn. Pfr. Volkhardt in Eschenbach: für luth. Heidenmission 34 fl. 58 kr., für Disp.-Cassa 3 fl., für Hrn. Hofmann in Hessen 1 fl. Summa 264 fl. 58 kr.

Nachtrag.

Bei Pfarrer Geiger in Nürnberg ist im Monat März 1861 an Missionsgaben eingegangen:

I. F. Heidenmission:

Frl. C. B. 1 fl.

VI. F. nordamerik. Mittheilungen:

Durch Endner 6 fl.

VIII. Disp. für Pfr. Löhe:

Durch Kilier ung. 12 fl. 36 kr. Durch dens. Einlage in d. wöchentl. Nahnbüchse pr. Februar 5 fl. 4 kr.

Im Monat März 1861 ist bei Pfarrer Stirner in Fürth an Missionsgaben eingegangen:

I. 1. A. Nichts.

F. F. Heidenm.:

Fürth: Jgfr. Sab. H. 1 fl.

VII. Z. Disp. f. i. Mission überhaupt:

Fürth: Fr. Rupprecht 1 fl., v. der Localgesellschaft Pfennigbüchse 15 fl. 49 kr. Dietersdorf: Hausbüchse 15 fl. 36¼ kr. Roßstall: drch. Wittwe Kern 5 fl. Altdorf: J. Oelager 10 fl. Poppenreuth: Sandreuther 1 fl. Fürth: Pfr. Stirner v. auswärtigen Abendmahlsgästen 1 fl. 30 kr. Summa 51 fl. 15 kr. 1 pf.

Bei Inspector Bauer in Neuendettelsau ist im Monat Februar eingegangen:

An Prof. Fritschel für das Seminar Wartburg von Pfr. Heim in Herpf bei Meiningen 2 fl. 29 kr.; von Essen v. Fr. Rode 6 Thlr. = 10 fl. 30 kr. von der luth. Gemeinde Züllichau durch Past. Reinsch 2 Thlr. 15 Sgr. 6 Pf. = 4 fl. 24 kr.

Druck der C. H. Beck'schen Buchdruckerei in Nördlingen.

Anzeiger des Correspondenzblattes

der Gesellschaft für innere Mission nach dem Sinne der lutherischen Kirche.

(Auch als Beiblatt zu den Kirchlichen Mittheilungen aus Nordamerika.)

Nr. 7 & 8. 1861.

Monatsrechnung bei der Gesellschaft für innere Mission im Sinne der luth. Kirche.

Juni 1861.

I. Abth. I. Aussendung und Unterhalt von Predigern 2c.	Einnahme. fl.	kr.	pf.	Ausgabe. fl.	kr.	pf.
A. Deutsche Zwecke:						
1. Cöln	5	30	—	—	—	—
2. Nassau.	—	—	—	—	—	—
3. Baden	—	—	—	—	—	—
4. Böhmen	2	42	—	18	6	—
5. Hamburg	—	—	—	—	—	—
6. Bes. Zwecke	31	38	—	11	54	—
7. Zur Disposition . . .	—	—	—	—	—	—
	39	50	—	30	—	—
B. Für Nordamerika:						
1. Semin. in Dubuque .	8	12	—	27	—	—
2. Bes. amerik. Zwecke .	—	—	—	—	—	—
3. Zur Disposition. . .	—	—	—	—	—	—
	8	12	—	27	—	—
C. F. d. Missionsanst. in ND.	268	47	2	210	50	—
D. F. Aussend. v. Zöglingen	19	50	—	200	—	—
E. Unterstütz. des Ver. für Judenmission	10	—	—	27	—	—
F. Für Heidenmission . .	87	18	—	—	—	—
G. Z. Disp. für die Zwecke der Abtheil. I. . . .	—	—	—	—	—	—
	433	57	2	494	50	—
II. Abth. II. Schriftenverbreitung	—	—	—	—	—	—
III. Abth. III. Fürsorge für Auswanderer	—	—	—	—	—	—
IV. Abth. IV. Anbahnung der Diakonie	—	—	—	—	—	—
1. Im Allgemeinen . .	—	—	—	—	—	—
2. Blödenanstalt . . .	—	—	—	—	—	—
V. Diakonatskc. z. Anbahnung	—	—	—	—	—	—
neuer Unternehmungen .	—	—	—	—	—	—
	—	—	—	—	—	—

	fl.	kr.	pf.	fl.	kr.	pf.
Transport:	433	57	2	494	50	—
VI. Nordam. Mittheil. . .	—	—	—	—	—	—
VII. Zur Disposition für innere Mission überhaupt . .	285	16	—	7	21	—
	719	13	2	502	11	—

Abgleichung:

Einnahme	719 fl.	13 kr.	2 pf.
Ausgabe	502 „	11 „	— „
Mehreinnahme	217 fl.	2 kr.	2 pf.
Von. Mai Mehrausgabe	499 „	52 „	2 „
Deficit dieses Mts.	282 „	50 „	— „

Fürth den 10. Juli 1861.

W. Löhe.

Bei Pfarrer Volk in Hüssingen ist im Monat Juni 1861 eingegangen:

I. Disp. f. i. Miss. überh.: Kühl, Bauer von Wachfeld (Miss.B.) 7 fl. 23½ kr., von Gliedern der Gesellsch. f. i. Miss. der Pfarrei u. v. ausw. bei einer Versammlung 4 fl. 27 kr., Heinlein von Hechlingen 30 kr., Jockelmeyer von Westheim 2 fl., Marg. Döttinger von Zirndorf 30 kr.

II. Für Hamburg: Bei einer Versammlung dahier von Gliedern der Ges. f. i. Miss. 6 fl. 28½ kr., von mehreren Einwohnern von Hechlingen 45 kr.

III. Für Camin: Von N. N. in Roßmeiersdorf 30 kr.

Im Monat Juni 1861 ist bei Pfarrer Stirner in Fürth an Missionsgaben eingegangen:

VII. Z. Disp. f. i. Mission überhaupt: Fürth Pfennigsammlg. der Loc.ges. 13 fl. 55 kr., Frau Rupprecht 1 fl., Graveur Seibolds Legat 12 fl. 30 kr., Fam. Genkeisen 3 fl., Bibelstundbüchse 2 fl. 28 kr., Igfr. Lehmann 30 kr. Summa 33 fl. 23 kr.

Bei W. Löhe in Fürth ist im Monat Juni 1861 an Gaben eingegangen:

Von Hrn. Appellationsgerichts-Assessor Merkel in Aschaffenburg für das Seminar in Carlsburg 5 fl.

Monatsrechnung bei der Gesellschaft für innere Mission im Sinne der luth. Kirche.

Monat Juli.

I. Abth. I. Aussendung und Unterhalt von Predigern ec.	Einnahme. fl.	kr.	pf.	Ausgabe. fl.	kr.	pf.
A. Deutsche Zwecke.						
1. Cöln	4	—	—	—	—	—
2. Nassau	—	—	—	—	—	—
3. Baden	5	24	—	—	—	—
4. Böhmen	1	30	—	—	—	—
5. Hamburg	11	43	2	—	—	—
6. Besondere Zwecke . .	4	—	—	—	—	—
7. Zur Disposition . .	—	—	—	—	—	—
	26	37	2	—	—	—
B. Für Nordamerika:						
1. Seminar in Dubuque	6	20	—	—	—	—
2. Bes. amerik. Zwecke .	—	—	—	—	—	—
3. Zur Disposition . .	12	15	—	—	—	—
	18	35	—	—	—	—
C. Für d. Missionsanst. in Neuendettelsau	121	33	—	438	5	—
D. Für Aussend. von Zöglingen	93	30	—	—	—	—
E. Judenmission	—	—	—	—	—	—
F. Für Heidenmission . .	29	25	—	—	—	—
G. Z. Disp. für die Zwecke der Abtheil. I.	—	—	—	—	—	—
	290	—	2	438	5	—
II. Abth. II. Schriftenverbreitung	—	—	—	—	—	—
III. Abth. III. Fürsorge für Auswanderer	—	—	—	—	—	—
IV. Abth. IV. Anbahnung der Diakonie	—	—	—	—	—	—
1. Im Allgemeinen . .	—	—	—	—	—	—
2. Blödenanstalt . . .	—	—	—	—	—	—
	—	—	—	—	—	—
V. Diakonatscasse zur Anbahnung neuer Unternehm. .	—	—	—	—	—	—
VI. Nordamerikanische Mittheilungen	4	42	—	—	—	—
VII. Zur Disposition für inn. Mission überh.	100	44	—	—	—	—
	395	26	2	438	5	—

Abgleichung:

Einnahme	395	fl.	26	kr.	2	pf.
Ausgabe	438	„	5	„	—	„
Mehreinnahme	—	fl.	—	kr.	—	pf.
Mehrausgabe	42	„	38	„	2	„
Deficit vorig. Mts.	282	„	50	„	—	„
Deficit dieses Mts.	325	„	28	„	2	„

Fürth den 17. August 1861.

M. Löhe.

Bei Director Alt in Neuendettelsau sind im Monat Juli folgende Gaben eingegangen:

A. Deutsche Zwecke:

Für den Kirchenbau in Hamburg: Egenhausen: Kloab 4 fl.

B. Nordamerik. Zwecke.

Für Iowa: Schönberg Abendmahlsopfer 6 fl., zur Disposition: Greiz von Missionsstunden des Cantor Diedel 8 fl. 45 kr., von dems. 3 fl. 30 kr.

C. Missionsanstalt:

Heilsbronn Roth sen. 12 kr., Roth jun. 12 kr., Seidinger 12 kr., Schub 12 kr., ND. Gastw. Ottmann 27 kr., Wettelsheim Ch. Moßhauer 1 fl., Mögersbrunn Hamm Dankopfer für eine glückliche Entbindung 1 fl., Stockhausen aus den Missionsstunden der Kleinkinderbewahranstalt 5 fl., Oberdachstetten Chr. Hufnagel 1 fl., Hollfeld aus der Kind M.B. des Apoth. Hartung 1 fl. 18 kr., Bonhof Reichel 3 fl. 45 kr., Rothenburg a/T. Fiesenich 2 fl., Frankendorf Schmidt 5 fl. 20 kr., Ursheim G. Reuter 1 fl., Ofell 24 kr., Greiz Schulrath Horlbeck 1 fl. 15 kr., Upsala Professor Dr. Loren 5 fl. Summa 29 fl. 47 kr.

D. Aussendung von Zöglingen:

Schönberg 3 fl. 45 kr., Gunterstkirchen Sammlung beim Miss.fest 32 fl., Arbeiligen Miss.Verein 57 fl. 45 kr. Summa 93 fl. 30 kr.

E. Heidenmission:

Adelmannsdorf Eichert 1 fl. 10 kr., Keim 1 fl. 10 kr., Schlitz u. Umgegend 17 fl. Summa 19 fl. 20 kr.

F. Allgem. Disposition:

Heilsbronn Fr. Schub 36 kr., Windsheim Gerber Fräulein 3 fl., Wettelsheim Bohn'sche Miss.V. 3 fl. 30 kr., Bopfingen Maurer 4 fl., Merkendorf Riegel 1 fl. 10 kr., Seligenstadt Sichert 1 fl., Adelmannsdorf Eichert 1 fl. 10 kr., Keim 1 fl. 10 kr., Hollfeld Apoth. Hartung 3 fl., Egenhausen Kloab 4 fl., Dayer 1 fl., Sab. Beck 1 fl., Lindau Gottl. Stöhr 1 fl. Summa 15 fl. 36 kr.

Bei Inspector Bauer in Neuendettelsau ist im Monat Juli eingegangen:

Für das Seminar Wartburg:

Aus Schlitz u. Umgegend 16 fl.

Bei Pfarrer Geiger in Nürnberg ist im Monat Juli 1861 eingegangen:

I. Abth. I. A. 4 für Böhmen:

Bergm. Kiefer 1 fl. 30 kr.

C. F. d. Missionsanstalt in ND.:

Durch Schubarth Büchsengeld 2 fl., dch. Köhler Büchse Nr. 134 4 fl. 33 kr., dch. Denckel Beiträge

1 fl. 57 kr., drch. dens. von W. in W. 36 kr. und Kostgeld-Entschädigung der Walburgi 7 fl., Büchse Nr. 49 2 fl.

F. f. Heidenm.:
Frl. E. B. 2 fl. 20 kr., drch. Vikar Hermann in Hersbruck von Kindern daselbst 3 fl. 26 kr.

VI. f. nordamerik. Mittheilungen:
Durch Schubarth 1 fl. 36 kr., drch. Deubler 3 fl. 6 kr.

VII. z. Disp. für Pfr. Löhe:
Eine Gesellschaftskarte 12 kr., Gärtnerm. Schallhamer 1 fl., drch. Aller Einl. in die wöchentl. Nahmbüchse pro Juni 5 fl. 26 kr.

In dem Monat Juli 1861 ist bei Pfarrer Stirner in Fürth an Missionsgaben eingegangen:

I. A. 1. Für Cöln: Senkendorf Pfr. Schiele 4 fl.
5. Für Hamburg: Doos Th. Conrad 30 kr.
6. Besondere Zwecke: Kirchbau in Camin: von Diakonissen in Fürth 3 fl., Doos Conrad 30 kr.

F. f. d. Heidenmission:
Fürth Jgfr. Schickedanz 1 fl.

VII. z. Dispos. f. inn. Miss. überh:
Fürth Fr. Ruprecht 7 fl., Frau Leiblinger 1 fl., Buch Häßler 1 fl., Muggenhof M. Bles 9 kr., Almoshof Knott 30 kr., Total-Summa 12 fl. 39 kr.

Bei Pfarrer Volk in Hüssingen ist im Monat Juli 1861 eingegangen:

z. Disp. f. i. Miss. überh.:
Bei den wöchentlichen Samml. bei den Gliedern der Gesellsch. f. i. Miss. 5 fl., Höhenberger v. Pfeifhofe 30 kr., R. v. hier 17 kr., durch Hrn. Pfr. Schmidt von Westheim von der Wittwe Roth von da erhalten 2 fl. 6 kr.

Bei M. Löhe in Fürth ist im Juli 1861 eingegangen:

VII. z. Disp. f. i. Miss. überhaupt:
Durch Hrn. Chr. Kästner in Hof: von Frau Cantor Bauer 2 fl., von Frau Scherdel 2 fl., von Hrn. G. Weiler 2 fl. 30 kr., von Hrn. C. Angermann 1 fl., von Hrn. Albr. Preller 1 fl., von Hrn. G. Ernst 2 fl.

Für die Missionsanstalt in ND.:
Von Frau Scherdel 2 fl. 42 kr.

Für Köln: Von Frau Cantor Bauer 18 kr.

Für die luth. Gemeinde in Camin:
Von Frau Scherdel 1 fl., von Hrn. G. Angermann 30 kr., von Hrn. Ernst 12 kr., von Hrn. Gärtner 6 kr., von Hrn. G. Weiler 1 fl., von Hrn. Rausch 30 kr., von Hrn. Salomon Trautner 45 kr., von Hrn. Cantor Bauer 18 kr. Summa pro Juni 17 fl. 31 kr.

Nachtrag.

In Steinach ist an Wäsche für die Mission eingegangen:

Monat Mai

Von Bayreuth Missionskränzchen des D. J. 4 farbige Bett- und Kopfkissenbezüge, 4 Betttücher, 2 Hemden, 6 Ueberschläglein, 2 p. Socken. Vom Zweigverein Heidenheim drch. G. Seifert 2 Betttücher, 2 Kopfkissenbezüge, 6 Chemisetten, 12 p. wollene Socken. Von Memmingen von Fr. Weihrauch 4 Handtücher. Von Burgfelach drch. Hrn. Pfr. Streng: 12½ Ellen Tuch, 2 p. Socken. Vom Jungfernkränzchen aus Oettingen 4 p. Strümpfe.

Monat Juni.

Von Wassertrüdingen drch. Hrn. Dekan Clarus aus dem I. Pfarrhaus dortf. 1 Hemd, 1 p. Socken. Aus dem Pfarrhaus in Unterschwaningen 1 Hemd.

Monat Juli.

Von Sugenheim drch Pfr. L. Mayer 15 Hemden, 18 p. Socken, 12 St. Handtücher, 2 Geldbörsen, 1 p. Hosenträger für einen Missionar unter den Indianern.

Reval.

	Rb.	K.
Collecte beim öffentlichen Vortrage in der Börsenhalle am 7. Januar 1861	167	50
Lese-Abend der Männer	33	—
Von und durch Bäckermeister Eglandt	37	—
Durch Pastor Hahn:		
Von Elementarlehrer Rahwing	10	—
„ Dr. med. Höppener	3	—
„ Notair Drewe	3	—
„ verschiedenen Gebern	22	20
Erlös von dem silbernen Brodkorb	50	—
Aus dem Frauen-Miss Verein des Pastor Hahn	50	—
Durch Oberpastor J. R. Ripke:		
Von der Frau Baronin von Ungern-Sternberg	5	—
„ Mad. Hauff	5	—
„ Mad. Sokolow	10	—
„ Frl. Korth	4	—
„ Mad. Jobt	2	—
„ der Frau Collegienräthin Kupffer	5	—
„ Demoiselle Lönnisson	1	—
„ „ Sommer	2	—
„ Fräulein von Kursell	3	—
„ K. v. A.	2	—
„ Demoiselle Koch	8	—
„ Fräulein v. Arnold	3	—
„ Demoiselle Popp	1	—
„ Fräulein Adele v. Staal	3	—
Aus dem Frauen-Missions-Verein für Nordamerika durch Frau Oberpastorin Ripke	64	—
Von einigen jungen Schülerinnen	21	—
„ Hrn. Abr. Berendhoff	3	—
Aus dem Missionskreise des Frl. Annette Höppener	80	—
	547	70

	Rb.	K.
Transport:	547	70
Durch Pastor Hahn:		
Von einem Unbekannten	5	—
„ der Frau Wittwe Bollmuth	15	—
„ Fräulein Amalie Siemßen	20	—
„ „ Koch	2	—
„ einem Theekreise bei Frau v. Schulz	40	—
Aus der Sparbüchse eines jungen Mädchens	2	—
Durch Oberpastor Kupke:		
Von Demoiselle Wilhelmine Michelsohn	2	50
Durch Pastor Hahn:		
Von Frl. Stael v. Holstein	5	—
Durch Pastor Luther:		
Von der Reval'schen esthn. Gemeinde	25	—
„ Frl. Stael von Holstein	6	50
Aus dem Kindermissionskreise bei Frl. v. Mühren-schild	10	—
Von Fräulein Nagel	20	30
Durch Past. Luther aus Hrn. Fiedlers Gemeinde-Collekte	3	—
Von einigen Damen auf dem Gute Pegfeuer	9	—
„ einer Pastorenconferenz in Jungenberg	31	—
„ Probst Gebhardt	10	—
„ einem Damenkreise in Jungenberg	17	—
„ Frau Baronin Stackelberg auf Orthel	10	—
Collekte in Weißenstein	50	—
Collekte in Wesenberg	100	—
Von den Schülerinnen des Stifts Finn	42	50
„ einem Damenmissionsverein in Altenhof	50	—
„ einigen esthnischen Missionsfreunden	10	—
	1033	50

Für das Seminar Wartburg:

Pommern:

Von der Gemeinde in Wolin 1 Thlr.
„ „ „ zu Treptow 26 Thlr. 18 Gr.
„ „ „ „ Großjustin 15 Gr.
„ „ „ „ Camin 66 Thlr. 22½ Gr.

Riga:		
Von Fr. Dr. Bienemann	2	—
„ der Gem. durch Past. Bergholz	42	—
Durch Hrn. Collegienrath v. Kühne	46	95
Von der Ulmann'schen Töchterschule	10	—
„ der Luther-Waisenschule	3	37½
„ der Domschule in Riga	5	—
Durch Hrn. Superintendent Pöltchau	18	—
„ Pastor Hillner	11	—
„ „ Jensch	5	—
„ „ Pöltchau jun. von einer ungenannten Dame	300	—
„ Hrn. Staatsrath v. Schwebs	31	—
„ „ „ Kästner	5	—
„ Domschullehrer Herweg	27	70
Collekte bei dem Missionsvortrag im Saal des Gymnasiums	89	75
Von Dr. Henke	9	—
	605	77½

Mitau: Collekte bei dem Missionsvortrag	200	—
Dorpat: Durch Hrn. Probst Willigerode		
von dessen deutscher Gemeinde	25	—
„ „ esthnischer Gemeinde	17	—
„ Hrn. Oberp. Schwartz	11	—
Von der Studentenverbindung Arminia	20	—
Collekte beim Missionsvortrag in der Johannis-Gemeinde	157	35
Collekte in der Universitätskirche	250	20
Durch P. Meier in Kobelecht	7	—
	488	55
Fellin: Collekte bei drei Missionsvorträgen	229	—
Pernau: Collekte bei zwei Missionsvorträgen	55	60
Von der Elisabeth-Gemeinde	20	50
	76	10

St. Petersburg: Von der Familie v. L. 40 Rbl. S., von Fr. v. Rottbeck 75 R., von e. ung. Dame 7 R., Fr. General Poloszof 5 R., Hr. Thüring 15 R., durch Hrn. P. Masing 25 R., drch. P. Fechtner 10 R., drch. P. Carlblom 3 R., von d. Gem. in Canaper drch. P. Laaland 14 R., von Bischof Nielson 5 R., von Fr. Baronin Balfo 3 R., von Fr. Schröder 6 R., drch. Frl. J. Müller 21 R., von Frl. S. 50 R., von Fr. Oberstin Klugen 8 R., von e. ung. Dame 15 R., drch. Frl. Mitwitz aus Maria Magdal. 20 R., von Fr. v. Knorring 25 R., von e. Mädchen 1 R. 40 K., ditto 1 R., von Fr. v. Zweilinger 10 R., von e. ung. Dame 5 R., von Frl. v. Manderstein 5 R., Collekte in d. esthn. Kirche 85 R. in der Annenkirche 175 R. 30 K., 63 R. 12 K., 25 R. 21 K., von Fr. Gen. Lydia v. Poloszof 20 R., von Fr. v. Samatega 25 R., Coll. i. d. Petrikirche 372 R. 40 K., i. d. Katharinenkirche 312 R., in der Brüderkirche 152. 00., von Hrn. Baron Stieglitz 25. 00., Coll. in der Jesuskirche 58. 00., drch. P. Seeberger ges. 328. 45., drch. P. Büfmann u. Hrn. v. Pander 260. 00., drch. Hrn. Hofr. v. Wittinghausen 60 R., von Hrn. G. v. Mickwitz 3. 00., von Fr. Schröder 18 R., v. Hrn. Pickel 3. 00. — Coll. in Sarepta 52. 00., drch. P. Dr. Eilerts 1. 00., drch. Hrn. v. Saremba 20. 00., drch. Fr. v. Klugen 1. 00, drch. Hrn. Dr. Meyer 1 R., drch. Oberlehrer Frey 5 R. — Moskau: von e. Wittwe 75 K., von einig. Freunden 1. 65 K., von Hrn. Staatsr. v. Blumenthal 10 R., v. P. Dieckhof 1 25., von Frau Past. Schorr 5 R., von einig. russ. Kaufleuten: Condrati, Leontjeff, Andree Leontjeff, Dmitri, Lastargijeff, Iwan Tremijeff 50 R., Coll. in d. Michaeliskirche 165 R., in der Peter Paulskirche 1. Coll. 184. 00. und ein paar Ohrringe, 2. Coll. 198. 00., von Dr. Jösche 20 R. — Twer: von Hrn. Cap. Baron Schulz 1 R., Coll. 48 R. 67., 1 R. 33., 2 Rb. 90. — Narva: 1. Coll. 43. 15., 2. Coll. 34. 56., drch. P. Hannius 10 R., von e. Ung. 5. 29., von Hrn. Wilhelmsen 30. 00., v. Fr. v. Kropshofen 15 R. — Coll. in Jewe 16. 63., drch. P. Vogt 39. 50., drch. Frl. Ther. v. Wohrenschild 50 R., von Fr Bollmuth 5 R., Coll. in Wollmar 78. 00., in Wenden 100. 00., aus d. Miss.casse in Wenden 50. 00., von Fr. v. Campenhausen 50. 00., ditto 10. 00., drch. P. Pöltchau jun. in Riga 113 R. S., drch. Herweg 13. 00, drch. Colleg.rath Kühn 36. 05 K., Coll. in Hapsal 37 75., von Frl. von Glehn und Probst Carlblom 16. 00.

Druck der C. H. Beck'schen Buchdruckerei in Nördlingen.

Anzeiger des Correspondenzblattes

der Gesellschaft für innere Mission nach dem Sinne der lutherischen Kirche.

(Auch als Beiblatt zu den Kirchlichen Mittheilungen aus Nordamerika.)

Nr. 9 & 10. 1861.

Monatsrechnung bei der Gesellschaft für innere Mission im Sinne der luth. Kirche.

August 1861.

	Einnahme. fl.	kr.	pf.	Ausgabe. fl.	kr.	pf.
I. Abth. I. Aussendung und Unterhalt von Predigern 2c.						
A. Deutsche Zwecke:						
1. Cöln	10	58	—	—	—	—
2. Nassau	—	—	—	—	—	—
3. Baden	3	30	—	—	—	—
4. Böhmen	—	—	—	—	—	—
5. Hamburg	47	33	—	—	—	—
6. Bes. Zwecke	27	16	—	—	—	—
7. Zur Disposition	—	—	—	—	—	—
	89	17	—	—	—	—
B. Für Nordamerika:						
1. Semin. in Dubuque	—	—	—	—	—	—
2. Bes. amerik. Zwecke	—	—	—	—	—	—
3. Zur Disposition	—	—	—	—	—	—
	—	—	—	—	—	—
C. F. d. Missionsanst. in ND.	86	41	1	309	5	—
D. F. Aussend. v. Zöglingen	—	—	—	—	—	—
E. Unterstütz. des Ver. für Judenmission	8	—	—	2	—	—
F. Für Heidenmission	26	42	—	—	—	—
G. Z. Disp. für die Zwecke der Abtheil. I.	—	—	—	—	—	—
	210	40	1	311	5	—
II. Abth. II. Schriftenverbreitung	—	—	—	—	—	—
III. Abth. III. Fürsorge für Auswanderer	—	—	—	—	—	—
IV. Abth. IV. Anbahnung der Diakonie	—	—	—	—	—	—
1. Im Allgemeinen	—	—	—	—	—	—
2. Blödenanstalt	—	—	—	—	—	—
V. Diakonatsc. z. Anbahnung neuer Unternehmungen	—	—	—	—	—	—
	—	—	—	—	—	—
Transport:	210	40	1	311	5	—
VI. Nordam. Mittheil.	6	46	—	—	—	—
VII. Zur Disposition für innere Mission überhaupt	27	59	—	—	—	—
	245	25	1	311	5	—

Abgleichung:

Einnahme	245 fl. 25 kr.	1 pf.
Ausgabe	311 „ 5 „	— „
Mehreinnahme	— fl. — kr.	— pf.
Mehrausgabe	65 „ 39 „	3 „
Deficit des vor. Mon.	325 „ 28 „	2 „
Deficit dieses Mts.	391 „ 8 „	1 „

Fürth den 4. September 1861.

W. Löhe.

Bei Pfarrer Geiger in Nürnberg ist im Monat August 1861 eingegangen:

I. Abth. I. A. 1 für Cöln:

Durch J. U. Maurer in Wendelstein 4 fl. 50 kr.

5. Hamburg (Zionsgemeinde). Durch Maurer in Wendelstein 9 fl. 55 kr.

6. Cammin. Durch Maurer in Wendelstein zur Tilgung der Schulden der ev. luther. Gemeinde in D. 3 fl. 40 kr.

C. F. d. Missionsanstalt in ND.:

Durch Himmel Büchse Nr. 1 1 fl. 30 kr., Nr. 2 19¾ kr., Nr. 3 1 fl. 42 kr., Nr. 4 2 fl. 24 kr., Nr. 5 1 fl. 26¾ kr., Nr. 6 30 kr., Nr. 7 1 fl. 6¾ kr., Nr. 210 1 fl. 15 kr., Nr. 335 24 kr., Nr. 336 44 kr., Nr. 264 15 kr. und von Wild in Steinbühl Nr. 117 3 fl. Durch Löblein in Wendelstein Büchse Nr. 15 5 fl. 59 kr., Nr. 352 2 fl. 10 kr., Nr. 44 29 kr., Nr. 253 3 fl. 9 kr., Nr. 363 4 fl. 32¾ kr., Nr. 244 1 fl. 52½ kr., Nr. 353 2 fl. 30 kr., Nr. 45 1 fl. 6 kr., Nr. 377 2 fl. 48¾ kr., Nr. 378 3 fl. 21 kr., von Gorg Nr. 198 22½ kr., von Räuberdrieth Nr. 248 48 kr., und von Großschwarzenlohe Nr. 43 2 fl. 12 kr. Durch Maurer in Wendelstein 13 fl. 59 kr.

E. Unterstützung des Vereins für Judenmission:

Frln. E. B. 2 fl.

F. F. Heidenm.:

Frln. E. B. 2 fl.

VI. F. nordamerik. Mittheilungen:

Durch Brankel 1 fl. 18 kr. Durch Mangenberger 3 fl. 42 kr. Durch Himmel 1 fl. 46 kr.

VII. Z. Disp. für Pfr. Löhe:

F. 1 Gesellschaftskarte 12 kr.

In dem Monat August 1861 ist bei Pfarrer Stirner in Fürth an Missionsgaben eingegangen:

I. A. Deutsche Zwecke:

1. Für Cöln: Von Conrad in Doos 30 kr.

F. F. d. Heidenmission:

Fürth: Opfer aus dem Klingelbeutel: 13 fl. 58 kr.

VII. Z. Dispos. f. inn. Miss. überh:

Fürth: Fr. Rupprecht 1 fl. Opfer aus dem Klingelbeutel 16 fl. 10 kr. Doos: Conrad 1 fl. Weyendorf: Conr. Seppel 2 fl. 42 kr. Steinach: Frl. Johanna v. Roth 5 fl. 36 kr. Total-Summa: 40 fl. 56 kr.

Bei M. Löhe in Fürth ist im Monat August 1861 an Gaben eingegangen:

Aus der Hausbüchse des Hrn. Conr. Ott in Fürth fürs Seminar Wartburg 2 fl. 43½ kr. Durch Hrn. Bezirksgerichts-Expedienten Ebert in Mittweida, vom Missionsverein daselbst für Missionar Krebs 13 Thlr., von Hrn. Bezirksgerichts-Director Wirthgen 1 Thlr. oder 24 fl. 30 kr.

Monatsrechnung bei der Gesellschaft für innere Mission im Sinne der luth. Kirche.

Monat September.

I. Abth. I. Aussendung und Unterhalt von Predigern 2c.	Einnahme. fl.	kr.	pf.	Ausgabe. fl.	kr.	pf.
A. Deutsche Zwecke.						
1. Cöln	7	30	—	—	—	—
2. Nassau	—	—	—	—	—	—
3. Baden	—	—	—	—	—	—
4. Böhmen	—	—	—	—	—	—
5. Hamburg	43	—	—	—	—	—
6. Besondere Zwecke	11	—	—	33	38	—
7. Zur Disposition	—	—	—	—	—	—
	61	30	—	33	38	—
B. Für Nordamerika:						
1. Seminar in Dubuque	76	53	2	619	27	—
2. Bes. amerik. Zwecke	—	—	—	—	—	—
3. Zur Disposition	—	—	—	—	—	—
	76	53	2	619	27	—
Transport:	76	53	2	619	27	—
C. Für d. Missionsanst. in Neuendettelsau	135	36	—	241	29	—
D. Für Aussend. von Zöglingen	70	—	—	59	24	—
E. Judenmission	—	—	—	—	—	—
F. Für Heidenmission	36	33	—	432	30	—
G. Z. Disp. für die Zwecke der Abtheil. I.	—	—	—	—	—	—
	380	32	2	1388	28	—
II. Abth. II. Schriftenverbreitung	—	—	—	—	—	—
III. Abth. III. Fürsorge für Auswanderer	—	—	—	—	—	—
IV. Abth. IV. Anbahnung der Diakonie	—	—	—	—	—	—
1. Im Allgemeinen	—	—	—	—	—	—
2. Blödenanstalt	—	—	—	—	—	—
	—	—	—	—	—	—
V. Diakonatscasse zur Anbahnung neuer Unternehm.	—	—	—	—	—	—
VI. Nordamerikanische Mittheilungen	7	48	—	1	19	—
VII. Zur Disposition für inn. Mission überh.	136	29	2	4	21	—
	544	50	2	1394	8	—

Abgleichung:

Einnahme	544 fl.	50 kr.	2 pf.
Ausgabe	1394 „	8 „	— „
Mehreinnahme	— fl.	— kr.	— pf.
Mehrausgabe	849 „	18 „	— „
Deficit vorig. Mts.	391 „	8 „	1 „
Deficit dieses Mts.	1240 „	26 „	1 „

Die verehrlichen Leser werden gebeten, sich die großen Zahlen zu Gemüthe zu ziehen

Fürth den 13. Oktober 1861.

vom Rechnungsführer
M. Löhe.

Bei Director Alt in Neuendettelsau sind im Monat September 1861 folgende Gaben eingegangen:

A. Deutsche Zwecke:

1) Für Lutheraner in Preußen

a) für Elberfeld: Großwiederitzsch: Hr. Pastor M. Schmidt 1 fl. 45 kr.

b) Für Camin: Großwiederitzsch: Hr. Past. M. Schmidt

2) Für Hamburg:

Großwiederitzsch: Hr. Past. M. Schmidt.

B. Nordamerik. Zwecke.

Für das Seminar Wartburg:

Memmingerberg: Fr. Hackler 1 fl., Fr. Amtknecht 30 kr. Altdorf: Maurer M. Zenkner 1 fl., Görgel 1 fl. Offenbauf.: Stich 1 fl. 10 kr.

C. Missionsanstalt:

N.D.: Wirth Ottmann 1 fl., ders. 1 fl. Schweinfurt: Hr. Siegler 2 fl. Münchsteinach: drch. Hrn. Pfr. Sattler 2 fl. 30 kr. Nürnberg: Fr. B. Merkel 3 fl., Diaconiss. M. Och 42 kr. Hellsbronn: 36 kr., Jgfr. Hoch 12 kr., K. M. und Ch. Sohn 1 fl. 24 kr., Ad. Weingaß 1 fl. 12 kr., A. Weingaß und G. Bauer 2 fl. 20 kr.

D. Nordamerikanische Mittheilungen:

Lichtenau: Hr. Pfr. Alt 3 fl. 36 kr.

E. Allgem. Disposition:

Nördlingen: Hr. Lehrer Müller 30 kr. Uettingen: Gesellschaftsbeitrag 3 fl., aus der Büchse 7 fl. Berolzheim: drch. Gebhardt 4 fl. 17½ kr.

Bei Pfarrer Geiger in Nürnberg sind im Monat September 1861 an Missionsgaben eingegangen:

I. C. F. d. Missionsanstalt i. ND.:

Durch Kanzenberger: Büchse Nr. 328 52¼ kr. und durch Schwab in Wendelstein: Büchse Nr. 355 33 kr., Nr. 354 57 kr., Nr. 368 1 fl. 30¾ kr., Nr. 374 1 fl. 3 kr., Nr. 375 3 fl. und Nr. 373 2 fl. ¼ kr. (Wendelstein), Nr. 356 1 fl. 30 kr. und Nr. 376 5 fl. 57 kr. (Röthenbach/Räubersrieth), Nr. 360 1 fl. und Nr. 363 57 kr. (Dürrenhembach), Nr. 350 1 fl. 12¼ kr. (Neireth).

F. F. Heidenm.:

Einl. in die Kirchenschüssel bei St. Jakob 1 fl. 10 kr.

VI. N. Mittheil.:

Durch Schrag von Pfr. Amos in Culmb. 4 fl. 12 kr.

VII. Z. Disp. f. Pfr. Löhe:

Durch Kiler: Einl. in die wöchentl. Nahubüchse pr. Juli und August 9 fl. 21 kr., durch Schwab in Wendelstein desgl. 11 fl. 58 kr.

Im Monat September ist bei Pfr. Stirner in Fürth an Missionsgaben eingegangen:

I. 1. A. Deutsche Zwecke:

1. Cöln: Hersbruck: Pastoralconferenz 5 fl. 30 kr. Ges. f. i. Miss. in Schwarzenbach a. S. 2 fl. Summa 7 fl. 30 kr.

5. Hamburg: Artelshofen und Alfalter: 5 fl. 15 kr. Hersbruck: Pastoralconferenz 12 fl. Henfenfeld: Sen. Ohmeis 6 fl. Schwarzenbach a. S.: Ges. f. i. Miss. 6 fl. Rückersdorf: Pfr. Dobel 2 fl. Summa 31 fl. 15 kr.

6. Besondere Zwecke:
Für Cammin: Hersbruck: Pastoralconferenz 5 fl. 30 kr. Schwarzenbach a. S.: Ges. f. i. Miss. 2 fl. Summa 7 fl. 30 kr.

C. F. d. Missionsanst. in ND:

Artelshofen und Alfalter: 8 fl. 6 kr.

F. Für Heidenm. in N.A.:

Aschaffenburg; AGA. Merkel 8 fl. 23 kr. Fürth: Fr. Fein 30 kr., P. Eis 30 kr., Kurzmann 1 fl. 30 kr. Summa 10 fl. 53 kr.

VII. Z. Disp. f. i. Miss. überhaupt:

Aschaffenburg: AGA. Merkel 8 fl. 12 kr. Artelshofen: Pfr. Fischer Erlös v. Miss.-Predigten 5 fl. Trommetsheim: Ges. f. i. Miss. 8 fl. 8 kr. Großreut: Conr. Kl. 50 fl. Fürth: Fr. Rupprecht 1 fl., Em. Stirner 1 fl., Fr. Fein 30 kr., P. Eis 30 kr., Kurzmann 1 fl. 30 kr., Schickedanz 1 fl., Senkeisen Hausbüchse 10 fl. Summa 104 fl. 14 kr.
Total-Summe 169 fl. 28 kr.

In den Monaten September und Oktober ist bei M. Löhe in Fürth eingegangen:

Von Lindau, für Nordamerikanische Mission 5 fl., von Hrn. C. H. M. in N.
für Hamburg: 10 fl.
für die Miss.-Anstalt in N.D.: 30 fl.
für das Seminar Warburg 30 fl. Summa 70 fl.
für Professor Fritschel: in Ahn bei der Conferenz 29 fl. 30 kr.
für denselben von Hrn. Decan Müller in Windsbach 2 Exempl. Concordienbücher und 10 fl.
desgl. von Hrn. Prof. Alex. v. Oetting 22 fl. 30 kr.
Ertrag aus den Löverschen Reisen für die Mission unter den Indianern 160 fl.

Disp. f. i. Miss. überh.:

Durch Hrn. L. in N. 243 fl.

Bei Gerichts-Director Alt in Neuendettelsau sind im Monat Oktober 1861 folgende Gaben eingegangen:

A. Deutsche Zwecke:

1) Für Lutheraner in Preußen:

a) für Cöln: Windsbach: Fr. Decan Müller 2 fl. 42 kr. Roßstall: drch. Hrn. Pfarrer Schaitberger 5 fl.

b) für Cammin: G. u. W. Pp. in H. 1 fl. 10 kr., L. W. in A. 24 kr. Windsbach: Fr. Dec. Müller 2 fl. 42 kr. Roßstall: drch. Hrn. Pfarrer Schaitberger 5 fl.

2) Für Hamburg: drch. Hrn. Pfr. Fischer in Forst: M. Pf. in R. 30 kr., G. und W. Pp. in H. 1 fl. 10 kr., J. A. in R. 1 fl. 10 kr., L. W.

in A. 1 fl., Th. Fr. in R. 30 kr., M. B. in H. 1 fl., J. L. in M. 30 kr., A. in M. 35 kr., Petersdorf 2 fl. 21 kr., Forst 2 fl. 18 kr., Frankendorf 1 fl. 30 kr. Eindsbach: Fr. Dec. Müller 2 fl. 42 kr. Roßstall: dch. Hrn. Pfr. Schaltberger 10 fl.

B. Nordam. Zwecke:

1) Seminar Wartburg: Jessen bei B.: Hr. Hilfspred. Haak 17 fl. 30 kr. Maßheim: Wittwe Maier 2 fl. 20 kr., Meier 6 fl.
2) Disposition: dch. Hrn. Pfr. Fischer in Forst: G. L. Kr. in R. 1 fl., aus der Büchse d. H. in Alh. 6 fl. 57 kr., M. Pf. in R. 2 fl. 20 kr., G. und W. Pr. in H. 5 fl. 24 kr. Forst 2 fl. 32 kr., Windsheim: dch. Hrn. Pfr. Höchstetten 5 fl. Bettstedt: Dr. Kühn 8 fl. 45 kr. Roßstall: dch. Hrn. Pfr. Schaltberger 30 fl.

C. Missionsanstalt in ND.:

Localges. f. i. M. 28 fl. 13½ kr., Meier 30 kr. Altdorf: aus d. Büchse der Strickschule 1 fl. 14 kr. Weißenb.: Hr. Vic. Reinsch 2 fl. 42 kr. Erkenbrechtsh.: Thürauf 6 fl. 12 kr. Obertief.: Stein 12 kr. Stuttgart: dch. Hrn. Theod. Liesching 7 fl. 54 kr. Ortenburg: Loschdorfer 5 fl. 24 kr Großkaßlach: Ziegl. Geier 12 kr. Nürnbg.: Frl. Enßner 1 fl.

D. Heidenm.:

Greiz; Frauen- und Jgfr.Ver. 17 fl. 30 kr. Windsheim: dch. Hrn. Pfr. Höchstetten Erlös v. Missionsarbeiten 22 fl., aus einer Hausb. 5 fl.

E. Z. allgem. Disposition:

C. K. 2 fl. Ansbach: Hr. Schulverwes. Knab 2 fl. Hessen: Ungen. 10 fl. Artelshofen: dch. Hrn. Pfr. Fischer 6 fl. 30 kr. Hersbruck: Seifert 1 fl. 45 kr. Offenhausen: Stich 1 fl. Dch. Hrn. Maurer in Oettingen: v. dems. 4 fl., Louise Schwengler 1 fl. 5 kr. Dornstadt: Mich. Kürr 1 fl. 18 kr. Ostheim: Ad. Schneider 35 kr. Altentrüdingen: Krieß 4 fl. Leitendorf: Bauer M. 1 fl. 30 kr. Külbing: Schneider 2 fl. 42 kr., Unbek. 3 kr. Weißenb.: Hr. Vic. Reinsch 41 kr., Einlage am Erntef. 51 kr., Unbek. 1 fl. 48 kr.

Bei Pfarrer Geiger ist im Monat Oktober 1861 eingegangen:

I. Abth. I. A.

4) Böhmen: Bergm. Kiefer 1 fl. 30 kr.
5) Hamburg: Pfr. Fischer in Artelsh. 2 fl. 20 kr.

C. Für die Missionsanstalt in ND.:

Büchse des Bäkerges. Bauereisen in Gräfenberg 2 fl. 21 kr. B. des Schuhmacherm. Lamotte 2 fl. 39 kr. Pfr. Fischer in Artelsh. 2 fl. 42 kr. Durch Dendtel Ersatz für die Kosttische der Missionszöglinge: Bergm. Kiefer 1 fl. 48 kr., Heinr. Schoßer 2 fl., Bäckerm. Fr. Beck 2 fl. 12 kr. und Kutscher Maier 1 fl. Durch dens. Beiträge: Fr. Raum 1 fl. 12 kr., Frln. Reuter 18 kr., Agnes Munker 24 kr., Ungen. 24 kr., Geißlinger 6 kr., Dendtel 9 kr. u. W. in W. 24 kr. Büchse Nr. 276 12 fl. 35½ kr. Büchse des Böckel in Malach 6 fl. 30 kr.

F. Für Judenmission:
Frln. E. B. 2 fl. 30 kr.

F. Heidenmission:
Frln. E. B. 2 fl. 30 kr.

VI. Nordamerikan. Mittheilungen:
Durch Dendtel 2 fl. 59 kr.

VII. Z. Disp. f. d. Miss. überh.:
Eine Gesellschaftskarte 12 kr.

Bei Pfarrer Volk in Hüssingen sind im Monat Oktober eingegangen:

I. Für i. M. in Deutschland:

1) für Hamburg: Heidenheim: Högner 30 kr. Westheim: dch. Pfr. Schmidt 3 fl. Dch. Pf. B. Hermann von der Gemeinde Fürnheim 19 fl. 12 kr. N. N. in Fürnheim ein Goldstück im Werthe zu?
2) für Cöln: Westheim: dch Pfr. Schmidt 3 fl. Mehrere Glied. d. Gesellschaft b. ein. Versamml. dab. 1 fl. 6 kr.
3) für Camin in Pommern: Westheim: dch Pfr. Schmidt 3 fl. Von mehrern Gliedern der Gesellschaft 1 fl. 7 kr.

II. Für Nordamerika:
Zur Disposition von N. N. 1 fl.

III. Für Heidenmission:
Von J. Zäh dab. 15 kr.

IV. Disp. f. d. Miss. überhaupt:
Hüssingen: von den Glied. der Gesellsch. am Erndtefest 11 fl., Kath. Leck 1 fl., bei der Versamml. 2 fl., Wagnerm. Schwab 24 kr., Christian Volk 12 kr., Schärer, Bauer 1 fl. 45 kr. Hechlingen: Brunner 1 fl., Heinlein 2 kr. Wachfeld: Kübl 12 kr., ders. 12 kr. Zirndorf: N. N. 6 kr.

Nachtrag.

Materialgaben für die Mission.

Monat Juni.

Eberheim: Lehrer Höfler 1 silberne Kette.
Ferner: 2 goldene Ohrenringe von N. N.
Memmingen: Allerlei kurze Waaren f. d. Mission.

Monat Juli.

Fürth: Frau Schröder
Starke Synopsis. 8 Bände.
Münter, geistliche Lieder.
Luthers Auslegung des Evangelist. Math.
Weigel, Schreibekunst.

Druck der C. H. Beck'schen Buchdruckerei in Nördlingen.

Beilage zum „Correspondenzblatt für innere Mission.“

Verzeichniß kleiner christlicher Schriften,

herausgegeben

von Dr. Marriott in Stuttgart,

Neckarstraße Nro. 9.

Die Schriften enthalten nur **wahre** Geschichten.

Schriften von 4 Seiten.

25 Exemplare kosten 4 Kreuzer oder 1 1/2 Sgr. franco Leipzig.

Die erste Hausandacht. Eine Geschichte.
Die arme Irländerin.
Die Wahrheit der Bibel. Ein Gespräch.
Die eherne Schlange.
Der Pharisäer und der Zöllner.
Von der Buße.
Warum soll ich die Bibel lesen?
Die neue Creatur.
Häusliche Frömmigkeit bei armen Leuten. Eine Geschichte.
„Was mache ich doch?“
Wer hat alle diese erschlagen? Eine Geschichte.
Brauchst du einen Freund?
Der Tag des Herrn.
Segen der Heiligung des Sonntags.
Wilberforce, Sonntags-Stimmung und Sonntags-Beschäftigung.
Wie sollen wir den Tag des Herrn feiern?
Was kann das weibliche Geschlecht zu einer würdigen Sonntagsfeier beitragen?
1 Mose 18, Vers 19. (Hausgottesdienst).
Ein Wort der Liebe an Kranke.
Der Sündenfall und die Sünde.
Wodurch ward Maria, die Mutter Jesu, gerecht, heilig und selig? Von Martin Boos.
Bedenk' es wohl!
Die Freistädte (4 Mose 35).
Bin ich ein Christ?
Von dem berühmtesten Arzt.
Gerhard, Joh., Von unserer Versöhnung mit Gott.
— — Von der heiligen Nachfolge des Lebens Christi.
— — Von der wahren Ruhe der Seele.
Christlicher Soldaten-Tod.
Das Eisenbahn-Billet.
Die Kohlen-Grube.
Und die Thüre ward verschlossen.
Aus dem Leben des Herrn Haltridge.
Bist du von dieser Welt?

Schriften von 8 Seiten.

25 Exemplare kosten 8 kr. oder 2 1/2 Sgr. franco Leipzig.

Thomas Pates, die Rettung des Trunkenbolds und Sabbathschänders.
Die russische Kindsmagd.
Der Weg des Verächters. Eine Geschichte.
Wahre Liebe, oder Züge aus dem Leben der Isabella Turner.
Lydia Sturtevant, oder der entscheidende Entschluß.
Das hochzeitliche Kleid. Ein Gespräch.
Die Selbstgerechtigkeit im Tode. Eine Geschichte.
Wie ein Sünder zum Glauben kommt. Eine Geschichte.
Das selige Sterbebett. Eine Geschichte.
Der Priester und die Bibel. Ein Gespräch.
Die beiden Patienten.
Wo steckt der Fehler? Eine Geschichte.
Beinahe ein Christ. Eine Geschichte.
Die Beredtsamkeit eines guten Beispiels. Eine Geschichte.
Wilhelm Kirchmann. Eine Geschichte.
Das Sterbebett eines Ungläubigen. Eine Geschichte.
Die Sonntagsschulen.
„Die Schändlichkeit, die Religion der Väter abzuschwören.“
Beten, nicht betteln.
Ein halbes Sakrament.
Das letzte Lebensjahr eines Eisenbahnarbeiters.
Johannes Taulers Bekehrung.
Sonnenstrahlen in's menschliche Herz.
Die Schackerin und die Schauspielerin, oder die Macht des Gebets.

Schriften von 12 Seiten.

25 Exemplare kosten 14 kr. oder 4 1/2 Sgr. franco Leipzig.

Der alte Gabriel.
Das Bekenntniß Christi. Eine Geschichte.
Der verlorene und wiedergefundene rechte Weg. Eine Geschichte.
Züge aus dem Leben eines katholischen Landmanns.
Friede in der letzten Stunde. Eine Geschichte.
Perst, der Herzens-Spiegel.
Der verlorene und wiedergefundene Groschen.
St. Petrus Ermahnung, die heil. Schrift zu lesen.
Lobstein, J. F. Die köstliche Perle.
— Die Seligkeit aus Gnade

Schriften von 16 Seiten.

25 Exemplare kosten 18 kr. oder $5^1/_2$ Sgr. franco Leipzig.

Gottes Gnade in der eilften Stunde. Eine Geschichte.
Der wahre Katholik.
Die Messe.
Stimmen aus den ersten christlichen Jahrhunderten für das Lesen der heil. Schrift.
Monod, Ad. Kannst du ruhig sterben?
Jesaïm's Schreibmesser.
Gottselige Genügsamkeit. Eine Geschichte.
Wie wird man gerecht und selig?
Die zwei Nonnen.
Segen des Sonntags. Eine Geschichte.
Hofacker, die Kraft des Wortes Gottes.
— die freie Gnade Gottes in Christo.
Leighton, Erzbischof, über christliche Vereinigung.
Krummacher, Dr. F. W. Unterschied zwischen wahren und falschen Bekehrungen.
Eine neue Welt. Eine wahre Geschichte.
Haß und Rache. Eine wahre Geschichte.
Arnold, Gottfried, Morgen- und Abend-Gebete auf alle Tage der Woche.
Der Mann, der seinen Nachbar unschädlich machte.
Kommunismus und Christenthum.
Die leere weiße Bibel. Eine Geschichte.
Gotteswort und Menschenherz. Ein Gespräch.
Ich kann nicht beten. Eine Geschichte.
Die Geschichte einer in Basel gekauften Bibel.
Die alte Bauersfrau in der Schweiz.
Zwei Gespräche zwischen einem Corporal und einem Gemeinen.
Winke für den Sicheren, den Verzagten und den Leichtsinnigen.
Das rothe Seil.
Die Sündfluth.
Zeller, Heinrich. Die Anbetung Christi.
— — Der Hauptmann Cornelius, oder: Wann und wie man ein Christ wird.
Wachet!
Hofacker, die zehn Aussätzigen.
Fresenius, Dr. J. P., Aus dem Leben des General-Lieutenants von Dyhern.
Die Musterung, oder: Wie wirst du dich verantworten?
Der Soldat und das Neue Testament.
Eine Jugendgeschichte, Jünglingen zur Warnung und Aufmunterung.
Die Schrift kann nicht gebrochen werden. (Joh. 10, 35.)

Schriften von 20 Seiten.

25 Exemplare kosten 23 kr. oder 7 Sgr. franco Leipzig.

Baxter, Gehts mit mir dem Himmel zu?
Ball, C. F., Wider die zunehmende Entheiligung des Sonntags.
Das Gericht der großen Hure.
Der Bambino.

Schriften von 24 Seiten.

25 Exemplare kosten 27 kr. oder 8 Sgr. franco Leipzig.

Storr, Anleitung zum Gebet des Herzens in Fragen und Antworten.
Hackenschmidt, Louise Scheppler, die fromme und getreue Magd.
Denke an Lot! Vom Verfasser von „Lebst du oder bist du todt?“
Lobstein, F., Betrachtungen über Bibelstellen auf jeden Morgen und Abend der Woche.
Scriver, M. Christian, Gotthold's zufällige Andachten über vierfüßige Thiere.

Psalmen und Lieder für Soldaten von ächtem Schrot und Korn. Ein Gebetbüchlein ins Feld und aus dem Feld.
Jesaja, der Evangelist des Alten Bundes.
Ist dein Herz rechtschaffen? Vom Verfasser von „Lebst du oder bist du todt?“

Schriften von 28 Seiten.

25 Exemplare kosten 29 kr. oder $8^1/_2$ Sgr. franco Leipzig.

Die Hausgemeine.
Die Lehre der heil. Schrift über die Verehrung der Maria. Brosch.
Michael Healy.

Schriften von 32 Seiten.

25 Exemplare kosten 36 kr. oder 11 Sgr. franco Leipzig.

Lobderhose, Lebenslauf des Bischofs Andreas Graßmann.
Die Kraft des Evangeliums. Eine Geschichte.
Der Thau vom Hermon.
Lebst du oder bist du todt?
Ueber die Verpflichtung und Segen der Verbreitung christlicher Schriften.
Das Kreuz. Vom Verfasser von „Lebst du oder bist du todt?“
Der Blutzeuge Johann Philpot.
Wie man wahrhaft glücklich wird, oder: Der ächte Stein der Weisen.
Die Weisheit am Wege.
„Ringet!“ Vom Verfasser von „Lebst du oder bist du todt?“
F. Märcker, das Leben und Ende des Märtyrers John Bradfords.
Das Leben des Obristen Gardiner.
Was ist deine Hoffnung? Vom Verfasser von „Lebst du oder bist du todt?“
Wo sind deine Sünden? " " " " "
Ein Licht auf der Eisenbahn, oder: Geschichte des Thomas Ward.
Thut Buße, oder ihr kommt um! Vom Verfasser von „Lebst du oder bist du todt?“
Rein, Pfarrer. Alle Schrift ist von Gott eingegeben. Ein Wort an das Volk und an Alle, welche sich in dem allgemeinen Wanken, Weichen und Zusammenbrechen ein festes Herz bewahren wollen.

Schriften von 36 Seiten.

25 Exemplare kosten 42 kr. oder 13 Sgr. franco Leipzig.

Betest du? Vom Verfasser von „Lebst du oder bist du todt?“
Hast du Vergebung? Von dems. Verfasser.

Schriften von 40 Seiten, broschirt.

25 Exemplare kosten 48 kr. oder 15 Sgr. franco Leipzig.

Was sagt die Geschichte von der römischen Kirche?
Baxter, Was ist der Himmel?
Wardlaw, Ueber den Ursprung und die allgemeine Verpflichtung zur Feier des Tags des Herrn.
Jordan, Spuren und Andeutungen der uranfänglichen Sabbathfeier.
Leben und Märtyrerthum des Johannes Huß.

Schriften von 48 Seiten, broschirt.

25 Exemplare kosten 48 kr. oder 15 Sgr. franco Leipzig.

Haldane, die Heiligung des Sonntags.

Schriften von 60 Seiten, broschirt.

Goßner, der uralte katholische Glaube. Vergriffen.

Schriften von 64 Seiten, broschirt.

25 Exemplare kosten 1 fl. 10 kr. oder 21 Sgr. franco Leipzig.

Ledderhose, Flattichs Leben und Hausregeln.
Andreas Dunn.

Kinderschriften.

25 Exemplare kosten 48 kr. oder 15 Sgr. franco Leipzig.

Güte und Freundlichkeit, dargestellt in Erzählungen. Mit Bildern. steif brosch.
Die kleine Margareth. Mit Bildern. steif broschirt.
Johann Kulll. „ „ „ „
Der Ruf des Herrn an Samuel. „ „ „ „
Die kleine Dina Doudney. „ „ „ „
Tante Rosanens Andenken, oder: Die beiden Bibeln.
Lily und ihre Puppe.
Das eigenwillige Kind, oder: „Großpapa, ich muß ein Pferd haben!“

25 Exemplare kosten 24 kr. oder $7\frac{1}{2}$ Sgr. franco Leipzig.

Kinderwünsche.
Die Geschichte des Syrers Naeman.
Robert, der Cajütenjunge.
Antiochien, oder die erste Missionsreise des Apostels Paulus.
Corinth, oder die zweite Missionsreise des Apostels Paulus.
König Joas.
Jericho.
Die drei Geschwister von Bethanien.
König Jehu, oder: Das Hinken auf beiden Seiten.
Augen und doch keine Augen.

Alle Kinderschriften der Niedersächsischen, Wupperthaler, Stuttgarter und anderer Gesellschaften, ebenso diejenigen von Neumenweiher zu 1 u. 2 kr. und 100 verschiedene Kinderschriften zu 50 kr.

Schriften in größerm Format,
broschirt.

Biographien.

Philipp Hell, oder: Sechs Trübsale und die siebente. Eine wahre Geschichte aus dem dreißigjährigen Kriege. Gekrönte Preisschrift von Pfarrer Friedr. Karl Wild. 25 Ex. fl. 1. 8 kr.
Der wahre Freund des Volkes. Dargestellt in der kurzen Lebensbeschreibung des David Nasmith, des Gründers der Stadtmissionen, von Pfarrer Karl Mann. 25 Ex. 48 kr.
Lebensgeschichte des Johann Jakob Scherrer, Pfarrers in Hundwyl. 25 Ex. 58 kr.
Lebensgeschichte des Rowland Hill. 25 Ex. fl. 1. 8 kr.
Leben Gustav Adolfs des Großen, Königs von Schweden. Zur Belehrung, Verehrung und Erbauung für das Volk dargestellt von Pfarrer Fried. Karl Wild. 25 Ex. fl. 1. 15 kr.
Christine von Schweden, Gustav Adolfs Tochter, von Moritz Tutzschmann, Prediger in Dresden. 25 Ex. fl. 1. 8 kr.
Leben des Hauptmanns Hedley Vicars. 25 Ex. fl. 1. 8 kr.
Der Sieg. Züge aus den letzten Lebenstagen eines Arztes. Von der Verfasserin des Lebens „Hedley Vicars.“ 25 Ex. fl. 1.
Die Gräfin Huntingdon. 25 Ex. 48 kr.
Leben und Herzenserfahrungen des Dr. Gordon. 25 Ex. 48 kr.
Leben des General Havelock. 25 Ex. fl. 1.
Leben des Samuel Lutz, von Karl Wyß. 25 Ex. fl. 1. 8 kr.
Leben des Dr. Martin Luther. 25 Ex. fl. 1. 15 kr.
Leben des Philippus Melanchthon. 25 Ex. fl. 1.
Tobias Kießling, oder Lebensgeschichte eines Kaufmanns, der die Eine köstliche Perle suchte und fand. 25 Ex. fl. 1. 8 kr.

Leben J. A. Bengel's erscheint demnächst.
Jerusalem in der alten Zeit — erscheint demnächst.

Die Drei im Brautstuhl. Eine wahre Erzählung. 25 Ex. 48 kr.
Das geistliche Priesterthum. Aus göttlichem Worte beschrieben von Dr. Philipp Jakob Spener 25 Ex. fl. 1.
Das Blutbad von Thorn im Jahr 1724, von Karl Fried. Ledderhose. 25 Ex. fl. 1. 10 kr.
Geordnete Liebesthätigkeit, ein Gebot des Herrn. Gekrönte Preisschrift. 100 Seiten. 25 Ex. fl. 3.
Handbüchlein für Auswanderer nach Nordamerika. Gekrönte Preisschrift. Zweite Auflage mit Zusätzen. 25 Ex. fl. 3. 20 kr.
Kurze Darstellung der Hauptlehren des Papstthums. Ein Auszug aus Wylies größerem Werk über das Papstthum. 25 Ex. fl. 1. 30 kr.
Aus Nacht zum Licht. Eine Erzählung für's evangelische Christenvolk. 25 Ex. fl. 1. 40 kr.
Andächtige Seufzer einer gläubigen Seele. 25 Ex. fl. 1. 30 kr.
Bilder aus dem Arbeiterleben, oder: Wie gelangt ein Volk zu wahrer Bildung? Beantwortet durch Zuschriften von 23 englischen Arbeitern. Mit Vorwort von Prälat Kapff. 113 Seiten. 12 kr.
Der Sonntag. Erste gekrönte Preisschrift unter 76 eingelieferten Arbeiten des Volksschullehrerstandes Deutschlands, von Fritz Schwerin. 88 Seiten. 10 kr.
Das Leben der Verfasserin der „Perle der Tage,“ einer schottischen Gärtnerstochter. Von ihr selbst erzählt. Mit Bildern. 4 kr.
Des Himmels Gegengift wider den Fluch der Arbeit. Gekrönte Preisschrift von J. A. Quinton. Mit Bildern. 104 Seiten. 8 kr.
Das Licht der Kirche. Gekrönte Preisschrift von John Younger. Mit Bildern. 72 Seiten. 6 kr.
Die Fackel der Zeit. Gekrönte Preisschrift von David Farquhar. Mit Bildern. 80 Seiten. 6 kr.
Die christliche Sonntagsfeier. Erste gekrönte Preisschrift von Joh. Ulrich Oschwald, Pfarrer in Marthalen, Canton Zürich. (Im Buchhandel 52 kr.) 28 kr.
Die Stellung und Bedeutung der Apokryphen, sowohl nach Wesen und Inhalt als in historischer Beziehung. Zwei Gespräche von Ed. Kluge, luth. Pastor. 80 Seiten. 8 kr.
Harlan Page, oder: Der Segen treuer betender Arbeit an den Seelen. Freie Bearbeitung nach dem Englischen des W. A. Hallock, Sekretärs der amerikanischen Traktatgesellschaft. 148 Seiten. 8 kr.
Die große Erweckung in den vereinigten Staaten von Amerika. Sammlung von Gedanken und Thatsachen darüber zur Prüfung vorgelegt von C. U. Hahn, Th. Dr. 25 Ex. fl. 1. 15 kr.
Nachrichten von dem herrlichen Werk Gottes der Bekehrung vieler hundert Seelen zu Northampton und an andern Orten in Neu-England. Mit Anmerkungen von Johann Adam Steinmetz. 20 kr.
Mittheilungen über Erweckungen in verschiedenen Gegenden. In zwanglosen Heften. Nr. 1—6 zusammen 30 kr.

Der wahre Protestant.

Herausgegeben von Dr. Marriott.

Sechs Bände.

Während der nächsten 12 Monate wird das Werk vom Herausgeber im Preis bedeutend herabgesetzt und zu 3 Thl. oder 5 fl. verkauft. Es sind nur etwa 230 vollständige Exemplare vorräthig; Bde. II u. III werden zu je 10 sgr. oder 35 kr., und Bde. I u. IV zu je 15 sgr. oder 52 kr. abgegeben. Im Buchhandel kostet das Werk 9 Thl. oder 15 fl.

Aus dem Inhalt führen wir nur einige Aufsätze an:

Sechster Band. Schreiben des Professor Baumgarten, Th. Dr., an den Earl von Shaftesbury, über die Bedrängniß der Christen in dem Herzogthum Schleswig durch die Dänen. — Eine Stimme aus der katholischen Kirche wider das römische Dogma von der unbefleckten Empfängniß Mariä. Mitgetheilt von Dekan P. F. Kerri, Lic. Th. — Auszüge aus Briefen römisch-katholischer Priester in Böhmen. Mitgetheilt von Dr. Neweiny. — Erzählung meiner Einkerkerung durch das Glaubenstribunal und meiner Flucht aus Spanien im Jahr 1856. Von Dr. Angelos Herreros de Mora. — Jakob Lefèvre und die Anfänge der Reformation in Frankreich, von C. U. Hahn, Th. Dr. in Bönnigheim. — Uebertritte römisch-katholischer Priester und Mönche. Von Th. Dr. Neweiny. — Das Papstthum und die Bibel, von A. Voigt, Pfarrer zu Kirchseiffen in der Eifel. — Lebensbilder aus der altrömischen Kirche, ehe sie römisch-katholisch wurde. IV. Kilian, der Apostel von Thüringen, von 686—689, und seine Aussaat. Von Pfarrer P. Heber. — Die protestantische Kirche im Bergell. Entstehung und Erhaltung derselben in gefahrvollen Zeiten. Von G. Leonhardi, Pfarrer in Brusio. — Nachrichten von Joachim Jezule, aus dem Narrenhause der Barmherzigen Brüder zu Prag. — Ramon Monsalvatge, früher Capuziner, später Soldat in der Armee Don Carlos, jetzt evangelischer Pastor. — Walto, Kaiser Karls des Großen geistlicher Rath, und die älteren Waldenser, von Pfarrer P. Heber. — Der ursprüngliche Puritanismus in England nach seinem Ursprunge, seiner wahren Entwicklung und gegenwärtigen Stellung, von Thomas M'Crie, Th. Dr., Professor der Theologie. Die Pflicht und das Recht aller Gläubigen zu freier Thätigkeit hinsichtlich der Verbreitung und Beförderung des Reiches Gottes. Von Pfarrer Kapff in Winterbach. — Gefälligkeit der Päpste. Von Dr. De Sanctis. — Die Anbetung des Kreuzes, vollzogen durch Seine Heiligkeit den Papst, die sämmtlichen Cardinäle und den ganzen römischen Hof am Charfreitag. Von H. Seymour. — Die Religion der Neapolitaner. — Aus dem Kloster. Von einem ehemaligen Dominikanermönch. — Was römisch-katholische Priester glauben müssen, oder das römische Brevier.

Fünfter Band. Die Bewegungen der römisch-katholischen Kirche und unsere Aufgabe. Von General-Superintendent Dr. August Hahn. — Protest gegen das neue Dogma von der unbefleckten Empfängniß, und des Verfassers Bericht über seine Vertreibung aus Rom. Von Hrn. Abbé Laborde. — Das Oesterreichische Concordat. Von Pfr. Fried. Karl Wild. — Religionsfreiheit in Deutschland. Vier Aktenstücke. — Die Jesuiten — ihre Lehre und ihre Praxis — in religiöser, moralischer und politischer Beziehung — von ihrem Ursprung an bis auf den heutigen Tag, mit Rücksicht auf ihr Verhältniß zur römisch-katholischen Kirche und zum Papstthum. Nach den Quellen bearbeitet. Gekrönte Preisschrift von Dr. Heinr. Wiskemann. — Der Priester Jezule, seit 22 Jahren in Prag als Narr gefangen gehalten. Von Dr. Neweiny. — Beiträge zur Charakteristik des katholischen Missionswesens. Von Repetent Kalchreuter. — Lebensbilder aus der altrömischen Kirche, ehe sie römisch-katholisch wurde. Aus den Quellen dargestellt von Pfr. P. Heber. — Der Congregationalismus. Eine Vorlesung von Newmann Hall. — Die Entwicklung des religiösen und kirchlichen Lebens in den Vereinigten Staaten, von Dr. R. Baird. — Glaubensbekenntniß des Geschichtschreibers Giannone von Dekan P. F. Kerri, Lic. Th. — Schicksale des Protestantismus in der italienischen Grafschaft Cläven, von G. Leonhardi, Pfarrer in Jeschave. — Religiöse Zustände in Spanien, von Pfr. Christoph Möhrlen. — Jean Calas, von Major von Poienz, u. s. w.

Vierter Band. Gedanken über den Muhamedanismus, von C. A. Auberlen, a. o. Prof. der Theol. in Basel. — Bittschreiben eines Barmherzigen Bruders an Pius IX. vom Oktober 1854, betreffend die unsittlichen Zustände in den Klöstern seines Ordens in Oesterreich. — Die alten Waldenser als Zeugen des göttlichen Wortes und seiner Kraft, von Professor Julius Köstlin. — Ueber den Einfluß des Protestantismus und Katholicismus auf Staat und Regierung. Gekrönte Preisschrift, von Pfarrer J. Berg, in Langheilwigsdorf. — Der jetzige Zustand der armenischen Kirche und die gegenwärtige protestantische Reformation in derselben, von Dr. Dwight, in Konstantinopel. — Die Bulle des Papstes Pius IX. über die unbefleckte Empfängniß Mariä, von Pfarrer Fried. Karl Wild. — Bonifacius, der sogenannte Apostel der Deutschen. Nach den Quellen dargestellt von Pfarrer P. Heber. — Johann Evangelista Borzinsky's Uebertritt zur evangelischen Kirche in Preußen, Rückkehr nach Böhmen, Einkerkerung und Briefe aus seiner Gefangenschaft. — Flucht des Johann Evangelista Borzinsky aus der Irrenanstalt der Barmherzigen Brüder zu Prag, von ihm selbst beschrieben &c. &c.

Dritter Band. Jakob Reihing, früher Jesuit, später Professor der evangelischen Theologie in Tübingen, von Prof. Oehler, Th. Dr. — Die Waldenser in Calabrien, von Dr. de Sanctis. — Pelagianismus in der Lehre der römisch-katholischen Kirche, von C. U. Hahn, Th. Dr. — Ausreitung des Protestantismus im graubündnerischen Miserrthal, von Georg Leonhardi, Pfarrer in Puschlav. — Weissagt die heil. Schrift vom mohamedanischen Reich? — Ueber Wallfahrten, von einem Böhmen. — Blicke in den religiösen Zustand der Türkei. — Graf Sigmund von Hohenlohe, von L. Braun. — „Der Himmel ist roth und trübe.“ Das Dogma von der Jungfrau Maria in diesem Jahrhundert, von Pastor Fr. Wilh. Julius Schröder. — Römische Missionen in China &c. &c.

Zweiter Band. Die zehn Gebote und die Jesuiten, von Dekan P. H. Kerri, Lic. Th. — Philipp Holl, oder: Sechs Trübsale und die siebente. Eine wahre Geschichte aus dem dreißigjährigen Kriege, von Pfarrer Fr. Carl Wild. — Die religiöse Duldung in Savoyen, oder Franz Matthieu vor dem Appellationshof in Chambery, den 2. Sept. 1852. — Ist das tausendjährige Reich noch künftig? — Die evangelische Kirche in Böhmen von ihrem Ursprung bis auf die Gegenwart. — Der Veltliner Mord, aktenmäßig dargestellt von Georg Leonhardi, Pfarrer in Puschlav. — Aktenstücke im Prozeß des Herrn Geheimen Justizrath Professor Dr. Huschke. — Verfolgung, Uebertritt zur evangelischen Kirche und Auswanderung von 800 Personen in Madeira &c. &c.

Erster Band. Dieser Band enthält auch meist geschichtliche Aufsätze und darunter Beiträge von Prälat Kapff, Superintendent Dr. Sander, Archidiakon Schwaase, Pastor C. W. Krummacher, Lic. Th., Pfarrer Ledderhose, Pfarrer Christoph Möhrlen &c.

Stuttgart, November 1861.

Druck der G. Hasselbrink'schen Buchdruckerei in Stuttgart.